경희대학교아프리카연구센터총서 20

마사이족의 신화와 풍습

윤재학 김기국 박동호 편역

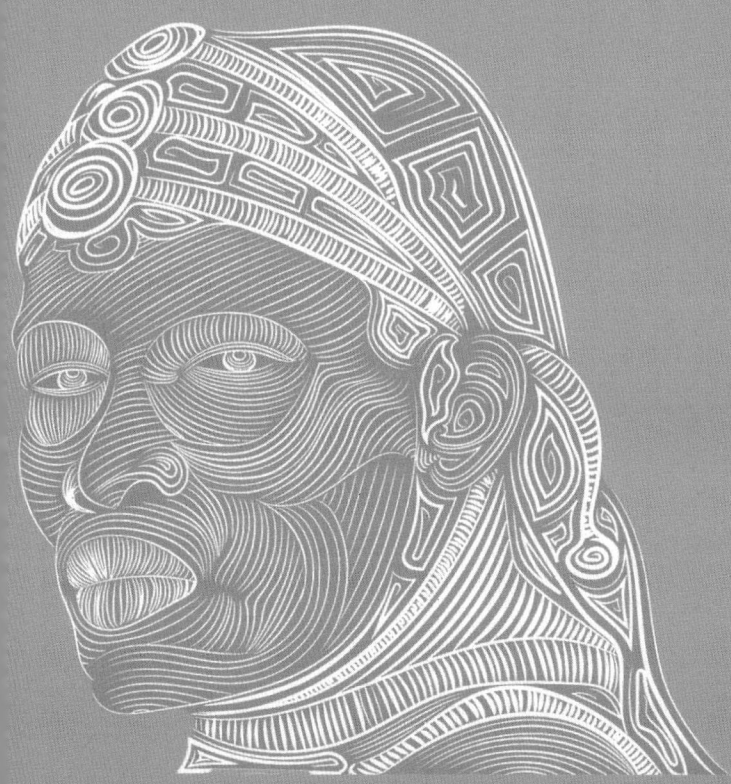

윤재학 교수는 미국 오하이오 주립대학교에서 언어학박사 학위를 취득하고, 현재 경희대학교 글로벌커뮤니케이션 학부 교수로 재직하고 있다.

김기국 교수는 프랑스 파리 소르본느 대학에서 문학박사 학위를 받았으며, 현재 경희대학교 프랑스어학과 교수로 재직하고 있다.

박동호 교수는 캐나다 몬트리올 퀘벡 대학에서 언어학박사 학위를 받았으며, 현재 경희대학교 한국어학과 교수로 재직하고 있다.

※ 이 저서는 2021년 대한민국 교육부와 한국연구재단의 지원을 받아 수행된 연구임 (NRF-2021S1A5C2A02086919)

역자 서문

　동아프리카의 중심부, 케냐와 탄자니아의 광활한 하늘 아래에는 땅과 하늘이 만나는 곳, 전통과 시간이 조화롭게 공존하는 땅이 있다. 이 땅은 그들이 사는 풍경만큼이나 매혹적인 문화와 역사, 전설을 가진 마사이족의 고향이다. 이 책에서는 동아프리카 역사의 복잡한 구조 속에서 마사이족의 이야기를 엮어온 실타래를 풀기 위해 마사이족의 설화를 탐구하며 마사이족 사회의 깊숙한 곳으로 여행을 떠난다.
　마사이족은 수 세기 동안 탐험가, 학자, 여행자의 상상력을 사로잡았다. 붉은 슈카, 정교한 구슬 장식, 강력한 창이 특징인 마사이족은 아프리카를 상징하는 대표적 집단이 되었다. 하지만 이러한 외형적인 모습 이면에는 오랜 전통과 대지에 뿌리내린 강인한 정신, 삶의 방식에 대한 확고한 신념이 깃든 문화가 숨겨져 있다.
　마사이족의 세계를 탐구하는 것은 표면을 넘어 한 민족의 영혼을 들여다보는 여정을 떠나는 것이다. 소가 단순한 가축이 아니라 사회적 지위를 나타내는 화폐이고, 구전 전통이 과거의 열쇠를 쥐고 있다. 장엄한 아프리카 야생 동물이 자유롭게 돌아다니는 땅, 사바나의 리듬과 노래가 울려 퍼지는 땅으로 떠나는 여정이다.

이 시점에서 우리는 전통과 현대 사이의 깨지기 쉬운 균형에 대해 성찰하지 않을 수 없다. 마사이족은 전 세계의 많은 원주민 공동체와 마찬가지로 급변하는 세상의 도전에 직면해 있다. 근대성의 잠식, 기후 변화, 세계화의 압력은 마사이족의 삶의 윤곽을 재편하기 시작했다. 이러한 변화 속에서 마사이족은 자신들의 유산을 보존하는 동시에 21세기의 기회와 발전을 어떻게 받아들일 것인가라는 심오한 문제에 직면하고 있다.

마사이족을 이해하려면 먼저 마사이족이 고향이라고 부르는 땅을 이해해야 한다. 마사이족은 홍해에서 모잠비크까지 이어지는 지질학적 경이로움으로 알려진 동아프리카 그레이트 리프트 밸리 지역에 살고 있다. 이 광활한 지역 내에서 마사이족은 케냐 남부와 탄자니아 북부에 자신들만의 고유한 영토를 개척해 왔다.

마사이족은 이 땅에서 번영하는 법을 배웠다. 그들의 삶의 방식은 자연계의 리듬과 밀접하게 연결되어 있다. 소, 염소, 양은 마사이족 사회의 생명줄이며, 생계뿐만 아니라 부와 사회적 지위의 척도가 되기도 한다. 마사이족은 계절에 따라 비가 내리고 방목할 수 있는 땅이 있는지에 따라 유목 생활을 하는 목축민이다. 서식지를 공유하는 야생 동물과 공존할 수 있는 마사이족의 능력은 그들이 땅과 주민들을 깊이 이해하고 있다는 증거이다.

마사이족의 구전 전통은 그들의 세계관과 신념에 대한 통찰력을 제공하는 신화, 전설, 이야기의 보고이다. 이러한 이야기는 여러 세대에 걸쳐 전해져 내려오며 공동체의 집단적 기억을 보존하고 있다.

가장 유명한 마사이족 전설 중에는 세상과 모든 생명체를 창조한 최고 신 엔카이에 대한 이야기가 있다. 엔카이는 케냐산 정상에 거주한다고 믿어지며 마사이 영토 전역에서 그의 존재를 느낄 수 있다. 마사이족은 자연에 신성이 깃들어 있다고 믿으며 자연에 대한 깊은 존경심을 가지고 있다.

마사이족의 기원에 관한 다른 전설은 마사이족의 조상이 한 마리의 소 떼와 엔카이 신의 축복을 받았다는 이야기이다. 이러한 신화는 마사이족 문화에서 소의 중심적인 역할을 강조하고 마사이족 생활 방식의 신성한 성격을 강조한다.

마사이족의 이야기는 그들만의 이야기가 아니다. 마사이족의 이야기는 인류 모두의 이야기이다. 이는 우리 모두가 세상을 풍요롭고 활기차게 만드는 문화와 생태계의 다양성을 보호해야 할 책임이 있음을 상기시켜준다.

그동안 한국 사회에서 마사이족은 생소한 아프리카 대륙의 한 종족으로 타민족과 특별히 구별되지 않는 존재였다. 독자에게 알려진 마사이 문화라면 수년 전에 허리 건강에 좋다고 알려진, 바닥이 선박처럼 둥그런 마사이 신발이 유일할 수도 있다. 이 책에서 마사이족의 세계를 더 깊이 들여다보고, 그들의 전통을 탐구하고, 그들의 이야기를 듣고, 오랜 세월을 이어온 문화를 축하하는 자리에 여러분을 초대한다. 이 여정을 통해 지구의 아름다움과 복잡성에 대해 더 깊이 인식하고 문화와 자연의 보물을 보존하기 위한 새로운 노력을 기울일 수 있기를 기대한다.

목 차

마사이족 소개 ·· 13

신화와 전설

토끼와 코끼리 ·· 20
전사들과 괴물 ·· 23
전사와 여자 형제들 ·· 27
구슬꼬리라 불린 괴물과 남매 ························ 30
전사와 원숭이 ·· 34
콘옉과 아버지 ·· 36
남자와 무릎 ·· 42
남자와 아내의 탐욕 ······································· 46
여인과 시카모어 나무의 아이들 ···················· 49
마로고의 아버지 ··· 51
두 아내와 쌍둥이 ··· 54
애벌레와 야생동물들 ····································· 58
전사와 럼브와족 ··· 61
소년과 형제의 노래 ······································· 63
타조 병아리들 ·· 66
여인과 결혼한 까마귀 ···································· 68
토끼와 하이에나와 암사자의 동굴 ················ 70

사람을 잡아먹은 괴물과 어린이 ······························ 76
도로보 형제 ··· 79
도로보족 사람과 기린 ······································· 82
소의 기원 ·· 86
죽음의 기원 ··· 88
태양과 달 ·· 90
사람들이 땅을 파야 하는 이유 ······························ 91
여성들의 소 ··· 94
얼룩말에 줄무늬가 있는 이유 ······························ 95
칼리상가와 칼리테요 ·· 99
신의 나라로 간 전사 ·· 103
신들의 이야기 ·· 112
괴물 ·· 114
마사이족이 소를 키우는 이유 ······························ 115
도로보족에게 소가 없는 이유 ······························ 119
레에요의 불복종 ·· 121
마사이족과 반투족의 연원 ·································· 122
해와 달 이야기 ·· 123
월식 ·· 124
일출과 일몰 ··· 125
달 주위의 후광과 은하수 ··································· 125
별 ·· 126
혜성 ·· 127

무지개 ·· 128
번개 ·· 128
가축과 비와 해 이야기 ·· 129
밤과 낮 이야기 ··· 129
지진 ·· 130
화산과 기체 분출 ·· 130
동굴 - 연기나는 산의 동굴 이야기 ······················ 130
아티강의 동굴과 럼부아 마사이족 이야기 ············ 131

마사이족 풍습

포경수술 ·· 134
소년의 포경수술 ··· 136
소녀들의 포경수술 ··· 139
여성들의 쇠목걸이와 귀걸이 및 다른 물품들 ······ 140
남자들의 귀걸이와 암링 및 다른 물건들 ············· 142
마사이 인사법 ·· 143
작별 ·· 146
환대 ·· 147
소, 풀과 우유 ··· 148
소, 양, 당나귀 쇠도장 찍기와 귀 자르기 ············ 150
마사이 전사들의 방패와 창 ································· 151
마사이 원로들의 활 ··· 151
이사 과정 ··· 152

목차 · 9

마사이 전사의 오두막과 도살장 ·························· 152
자손이라 불리는 잔치 ···································· 153
추장을 선출하는 잔치 ···································· 155
결혼 ·· 157
피신 ·· 159
죽음 ·· 160
애도 ·· 162
사람들의 영혼과 혼령 그리고 뱀 ······················ 163
상속 ·· 165
범죄·절도 ·· 166
유혹 ·· 167
살인 ·· 168
간통 ·· 170
발치 ·· 171
면도 ·· 172
빨간 염주 의식 ·· 172
침 뱉기 ·· 173
음식 ·· 175
야생동물 ··· 177
놀이 ·· 179
화해 ·· 180
징조 ·· 181
주술사 ··· 182

대장장이 ··· 188
토기 솥단지와 표주박 ·· 190
담배 파이프 ·· 190
하루 시간의 구분 ·· 191
계절과 개월 ·· 192
하품, 딸꾹질, 재채기, 병 ····································· 194
불을 피우는 방법 ·· 195
부상과 외과의사 ·· 196
마사이 저주 표현 ·· 198
마사이족의 맹세 형식 ·· 199
마사이족의 시련에 의한 재판 ··························· 199

마사이 속담과 격언 ·· 201
마사이 수수께끼 ·· 219

마사이 노래

신을 향한 기도 ·· 228
비를 기원하는 여성들의 기도 ··························· 230
비를 기원하는 남성들의 기도 ··························· 231
비를 기원하는 어린이들의 노래 ······················· 232
전시에 부르는 노래들 ··· 233
전사의 노래들 ··· 237
여성 기도문 ··· 240

마사이족 소개

마사이족은 동아프리카 케냐와 탄자니아에 거주하고 있는 반유목 목축민 부족이다. 마사이족은 수 세기 동안 외부인의 마음을 사로잡은 독특한 관습, 의복, 생활 방식으로 유명하다. 마사이족은 그들의 역사와 종교에 깊이 뿌리를 둔 풍부한 문화유산을 보유하고 있다. 이들은 500년이 넘는 역사를 가지고 있으면서 현대화와 서구화의 물결에도 불구하고 자신들의 생활 방식을 지켜오고 있다. 마사이족의 소에 대한 애정은 유명하며 이들의 생활 방식은 주로 소떼를 중심으로 이루어진다. 본 절에서는 마사이족의 역사, 문화, 종교는 물론 현재 마사이족의 생활 방식에 대해 간략히 소개한다.

역사

마사이족의 기원은 미스터리와 신화에 가려져 있지만 15세기경 나일강 지역에서 케냐와 탄자니아의 현재 위치로 이주한 것으로 추정된다. 마사이족은 칼렌진족과 루오족 등 다른 나일강 유역 민족과 혈연관계가 있으며, 그들의 언어는 나일-사하라 어족에 속한다.

마사이족은 포식자와 침입자로부터 가축을 보호해야 할 필요성에 따라 발전한 전사 문화로 유명하다. 이 문화는 식민지 시대에 더욱 강화되어 마사이족은 영국과 독일군에

맞서 땅과 가축을 지키기 위해 싸웠다. 마사이족은 오늘날에도 여전히 동아프리카에서 가장 숙련된 전사 중 하나로 여겨지고 있다.

마사이족은 원래 씨족으로 조직되어 있었으며, 각 씨족은 고유한 영토와 무리를 가지고 있었다. 씨족은 토지 사용이나 씨족 간 분쟁과 같은 문제를 결정하는 원로회의의 지도하에 느슨하게 조직되었다. 마사이족은 소, 꿀, 기타 물품을 구슬, 천, 철제 도구와 교환하는 이웃 부족과의 무역 관계로도 유명했다.

문화

마사이족 문화는 독특하고 매혹적이다. 이들은 복잡한 구슬 장식과 밝은 색상의 슈카(옷)로 유명하다. 마사이족의 옷은 그들의 정체성과 사회적 지위를 상징한다. 마사이족은 여러 씨족으로 나뉘며 각 씨족마다 고유한 색상과 무늬를 가진 옷을 입는다. 구슬 장식은 의사소통의 한 방법이기도 하며, 각 문양마다 다른 의미를 지니고 있다. 예를 들어 특정 문양이 착용한 사람의 나이, 결혼 여부 또는 씨족 등을 표시할 수 있다.

마사이족은 일부다처제이며, 남자의 재산은 그가 가진 소와 아내의 수로 측정된다. 한 남성이 여러 명의 아내를 두는 것은 드문 일이 아니며, 아내들은 자녀들과 함께 별도의 집에서 생활한다. 마사이족은 가부장적인 사회로 남성이 지역사회에서 대부분의 권력을 쥐고 있다. 하지만 여성도 공동체에서 중요한 역할을 담당하며 집안일과 아이들을 돌보는 일을 담당한다.

마사이족은 소에 대한 애착이 강하며, 소를 신이 주신 선물이라고 믿는다. 소는 우유, 피, 고기를 제공하며 마사이족의 경제에서 중요한 역할을 담당한다. 마사이족은 소가 생존의 열쇠라고 믿으며 포식자로부터 소를 보호하기 위해 많은 노력을 기울인다.

또한 마사이족은 주로 고기, 우유, 피를 주식으로 하는 독특한 식단을 가지고 있다. 피는 화살로 소의 목을 뚫고 표주박으로 받아서 얻는다. 그런 다음 피를 우유와 섞어 섭취한다. 마사이족은 채소나 과일은 전혀 먹지 않으며 이 식단이 필요한 모든 영양소를 제공한다고 믿는다.

종교

마사이족은 자신들의 문화와 전통에 대한 강한 믿음을 가지고 있다. 마사이족은 자신들의 생활 방식이 유일한 삶의 방식이며, 그것에서 벗어나는 것은 잘못된 것이라고 믿는다. 또한 마사이족은 조상에 대한 깊은 존경심을 가지고 있으며 조상이 여전히 그들의 삶에 존재한다고 믿는다. 그들은 조상이 자신들을 인도하고 보호한다고 믿으며 기도와 희생의 형태로 조상에게 제물을 바친다.

마사이족은 또한 자연과도 밀접한 관계를 맺고 있다. 마사이족은 신이 동물, 식물, 땅을 포함한 세상의 모든 것을 창조했다고 믿는다. 마사이족은 자연을 돌볼 책임이 있으며, 자연이 건강하고 지속 가능하게 유지되도록 하는 것이 자신들의 의무라고 믿는다. 또한 자연계의 모든 것이 서로 연결되어 있으며 생태계의 한 부분에 해를 끼치면 광범위한 결과를 초래할 수 있다고 믿는다.

마사이족은 또한 마술과 전통 의학의 힘에 대한 강한 믿음을 가지고 있다. 마사이족은 질병이 악령이나 저주에 의해 발생하며 전통 의학이나 전통 치료사의 개입을 통해서만 치료할 수 있다고 믿는다. 또한 특정 개인에게는 영혼과 소통할 수 있는 힘이 있으며, 이 힘을 사용하여 공동체를 위험으로부터 보호할 수 있다고 믿는다.

마사이족은 자신들의 소에게 강한 영적 유대감을 가지고 있다. 이들은 가축이 신이 내린 선물이며 자신들의 삶에서 중요한 역할을 한다고 믿는다. 마사이족은 소를 둘러싼 복잡한 믿음 체계와 의식을 가지고 있다. 마사이족은 소에게 영혼이 있고 소와 소통할 수 있다고 믿는다. 또한 소가 위험으로부터 자신을 보호하는 힘이 있다고 믿으며, 소를 존중하고 소중하게 대해야 한다고 생각한다.

마사이족의 현재 생활 방식

마사이족의 생활 방식은 식민주의, 현대화, 기후 변화 등 다양한 요인에 의해 영향을 받아왔다. 오늘날 많은 마사이족은 보다 영구적인 정착지에 자리잡아 농업 및 기타 비전통적 활동에 종사하고 있다. 그러나 상당수의 마사이족은 여전히 전통적인 생활 방식을 유지하며 만야타에서 생활하고 목축업에 종사하고 있다.

마사이족은 다른 민족과의 갈등, 토지 황폐화, 도시화 및 상업적 농업으로 인한 전통 방목지 상실 등 다양한 문제에 직면해 있다. 이러한 어려움에도 불구하고 마사이족은 문화적 정체성이 강하고 전통과 신념을 소중히 여기고 있다.

최근 몇 년 동안 마사이족은 관광 산업에 점점 더 많이 참여하면서 방문객들은 그들의 독특한 생활 방식을 엿볼 수 있게 되었다. 많은 마사이족 커뮤니티가 생태 관광 이니셔티브를 개발하여 방문객들이 마사이족 문화에 대해 배우고 창 던지기, 구슬공예, 춤과 같은 전통 활동에 참여할 수 있는 기회를 갖게 되었다.

이상에서 소개한 바와 같이 마사이족은 풍부한 역사, 활기찬 문화, 복합적인 종교 체계를 가진 매혹적이고 독특한 민족이다. 마사이족의 전통적인 생활 방식은 강한 공동체 의식, 소에 대한 깊은 애정, 수 세기에 걸쳐 진화해온 전사 문화가 특징이다. 마사이족은 현대 사회에서 다양한 도전에 직면해 있지만, 전통과 가치를 지키며 변화하는 세상에 적응할 수 있는 새로운 방법을 찾고 있다. 세계가 점점 더 서로 연결됨에 따라 마사이족과 같은 문화의 다양성을 기리고 보존하며 그들의 독특한 관점과 경험에서 배우는 것이 중요할 것이다.

신화와 전설

토끼와 코끼리

강가에 살던 토끼가 하루는 코끼리들이 대장 코끼리의 장인 어른의 움막을 찾아 강을 건너는 것을 보았다. 토끼는 꿀주머니를 매고 있던 가장 큰 코끼리에게 부탁했다.

"코끼리님, 가엾은 저를 강 건너로 데려가 주세요."

코끼리가 토끼를 등에 태우고 강을 건너기 시작했다. 강에 들어서자 마자 토끼가 꿀을 훔쳐 먹기 시작했다. 먹던 꿀이 코끼리 등에 떨어졌다. 등에 떨어지는 게 뭐냐고 코끼리가 물었다. 토끼는 자기가 울고 있으며 떨어진 것은 울고 있는 불쌍한 토끼가 흘리는 눈물이라고 둘러댔다.

강을 다 건너자, 토끼는 코끼리에게 새들에게 던질 돌을 좀 달라고 했다. 돌을 받아서 꿀주머니에 넣은 다음 코끼리 등에서 내려 달라고 부탁했다. 땅에 내리자마자 토끼는 코끼리들에게 이제 갈 길을 가라고 말했다.

코끼리들이 여정을 계속하여 마침내 대장 코끼리의 장인 어른 움막에 도달하였다. 꿀주머니를 열어 보니 꿀 대신 돌이 들어있었다. 코끼리들은 깜짝 놀라 토끼가 있던 곳으로 돌아왔다. 꿀을 먹고 있던 토끼가 이들을 보고 토끼굴 안으로 도망갔다. 코끼리가 토끼를 쫓아갔다. 대장 코끼리가 코를 굴에 집어넣어 토끼의 다리를 붙잡았다. 그러자 토끼가 말했다.

"나무뿌리를 잡으셨네요."

이 말을 듣고 코끼리가 토끼의 다리를 놓아주고 대신 나무뿌리를 잡았다. 그러자 토끼가 소리쳤다.
"내 다리가 부러지겠어요. 다리가 부러져요."
코끼리는 이 소리를 듣고 더욱 세게 당겨서 마침내 탈진 상태에 이르게 되었다.

코끼리가 나무뿌리를 잡아당기고 있는 동안 토끼는 굴을 빠져나와 도망쳤다. 도망치는 도중에 개코원숭이들을 만나 도움을 청했다. 왜 이리 빨리 달려가느냐고 묻자, 토끼는 거인에게 쫓기는 중이라고 대답했다. 개코원숭이들이 토끼에게 자기 굴에 들어가 쉬라고 말하며 숨겨 주겠다고 약속했다. 토끼가 개코원숭이 굴에 들어가 쉬는 동안 개코원숭이들은 밖에 앉아서 기다렸다. 잠시 후 코끼리가 나타나 혹시 토끼가 지나가는 것을 보았느냐고 물었다. 개코원숭이들은 토끼의 은신처를 가르쳐 주면 어떻게 보상하겠냐고 물었다. 코끼리는 원하는 것을 다 들어주겠다고 말했다. 자신의 피 한 컵을 달라고 하자, 코끼리는 컵이 작은 것을 보고 대수롭지 않게 여기며 기꺼이 주겠노라고 약속했다. 개코원숭이들이 코끼리 목에 활을 쏘자 피가 쏟아져 나왔다.

상당한 양의 피를 쏟은 다음 코끼리가 아직 컵이 다 차지 않았는지 물었다. 하지만 개코원숭이들이 컵 바닥에 구멍을 뚫어 놓은 탓에 아직 컵이 절반만 채워져 있었다. 개코원숭이들이 코끼리가 용기가 없다고 놀려대자 코끼리는 컵이 다 찰 때까지 피를 뽑으라고 말했다.

이들은 계속해서 피를 뽑아내도 컵을 여전히 채워지지 않았고 마침내 코끼리가 탈진하여 바닥에 쓰러져 죽고 말았다. 그러자 토끼는 더 이상 두려울 바가 없어서 은신처에서 나올 수 있었다.

전사들과 괴물

어린 형제가 부모님과 살고 있었다. 시간이 흘러 이들이 성장하고 성인식을 치르고 전사가 되었다.

어느 날 아버지가 형제에게 소 한 마리를 주며 도살하라고 시켰다. 형제는 사람이나 동물, 새나 곤충 등 살아있는 생물이 없는 곳에서 도살하는 게 적절하다고 생각했다. 그리하여 형제는 창과 방패, 장검과 몽둥이를 들고 이런 장소를 찾아 나섰다.

다섯 달 동안 장소를 물색하다가 동물이 살지 않는 거대한 삼림지역으로 들어가게 되었다. 거기에서 며칠을 더 기다리며 동물이 없는 것을 확인하고 나서야 도살장을 짓고 데리고 간 소를 잡았다.

소를 죽인 후에 형이 동생에게 소의 위를 주며 물을 좀 길어 오라고 시켰다. 동생이 강에 가서 물을 길으니 강이 외쳤다.

"이 사람이 나한테서 물을 길었네요. 이 사람이 나한테서 물을 길었네요."

동생은 몹시 놀라서 도망치고 말았다. 그가 줄행랑을 치는 것을 보고 숲이 웃음을 터뜨렸다. 동생이 형에게 와서 이 이야기를 전하자 겁쟁이 짓을 했으니 침을 뱉으라고 말했다. 이번에는 형이 직접 소의 위를 가지고 강으로 갔다. 강이 이전과 같이 소리쳤다.

"이 사람이 나한테서 물을 길었네요. 이 사람이 나한테서 물을 길었네요."

형이 대꾸했다.

"그래, 내가 너한테서 물을 일부러 길었어."

그리고 나서 형은 길은 물을 가지고 돌아왔다.

얼마 후 동생은 나무를 베어 오라는 심부름을 하게 되었다. 동생이 자를 나무를 잡자 나무가 외쳤다.

"이 사람이 나를 부러뜨렸네요. 이 사람이 나를 부러뜨렸네요."

이전과 마찬가지로 깜짝 놀라서 도살장으로 돌아가 형에게 나무가 자기에게 꾸지람을 했다고 전했다. 형은 이전과 마찬가지로 반응했다. 동생을 겁쟁이라고 부르고 침을 뱉으라고 시켰다. 그리고 나서 장검을 들고 나무를 베러 갔다. 나무를 베자 나무가 소리를 질렀으나 형은 일부러 베는 것이라고 대답하고 숙소로 가져갔다.

숙소에 도착하여 형은 동생에게 꼬치를 좀 잘라 오라고 시켰다. 동생이 꼬치를 자르니 꼬치들이 소리를 질렀다.

"이 사람이 우리를 잘랐어요. 이 사람이 우리를 잘랐어요."

그러자 동생은 숙소로 도망쳐 형에게 사실을 말하자 형은 또 다시 동생을 겁쟁이라고 부르며 침을 뱉게 하고 나서 자신이 직접 꼬치를 자르러 갔다. 이전과 같은 일이 발생하였다. 꼬치들이 잘리는 것에 비명을 질렀으나 전사인 형은 일부러 자르는 것이라고 말하고 꼬치를 챙겨서 도살장으로 돌아갔다. 이후 두 전사는 고기를 굽고 식사를 한 후 잠자리에 들었다.

밤중에 괴물이 나타나 모닥불을 껐다. 그리고 나서 마치 불꽃처럼 생긴 눈을 번뜩이며 누웠다. 얼마 후 형이 한기를 느끼고 잠에서 깨어나 동생을 깨워 모닥불을 피우라고 시켰다. 동생이 일어나 불꽃으로 착각하고 괴물의 눈을 잡자 괴물이 냉큼 동생을 삼켜버리고 밖으로 빠져 나갔다. 이 때 형은 괴물에게 대고 소리쳤다.

"지금은 보내지만 내일은 너를 반드시 찾을 것이야."

동이 트자 형은 추격을 시작했다. 드디어 괴물을 찾고 보니 그는 머리가 아홉 개 달려있고 엄청나게 큰 엄지발가락이 있었다.

괴물이 전사에게 돌아가라고 말하며 자신은 그가 용감한 사람이니 해치고 싶지 않다고 말했다. 전사는 이를 거부하고 괴물과 싸우겠노라고 말했다. 괴물이 전사에게 돌진하여 발차기를 하자 전사가 방패로 발을 막아내고 괴물의 머리 하나를 잘랐다. 괴물이 퇴각하자 전사는 다음날 다시 오겠다고 외친 다음 도살장으로 돌아가 휴식을 취했다.

다음 날 전사는 다시 괴물을 추격하여 이어진 싸움에서 머리를 또 하나 잘라 냈다. 또다시 괴물이 도망치자 전사는 다음 날 아침에 와서 괴물을 죽이겠다고 말했다.

다음 날 같은 장소에 돌아오니 괴물은 머리를 두 개나 잘린 탓에 매우 약해져 있었다. 전사가 손쉽게 괴물을 해치운 다음 거대한 엄지발가락을 잘라 냈다. 그러자 엄지발가락에서 온갖 종류의 동물들이 나오고 마지막에 전사의 동생이 나왔다.

두 형제는 도살장으로 돌아가 사흘을 쉬었다. 동생이 형에게 집에 데려가 달라고 부탁했다. 그곳에 남아 있기에는 너무 무섭기 때문이었다.

전사와 여자 형제들
왜 마사이족에는 자유 연애가 허용되는가?

옛날에 한 남자가 두 딸과 아들 하나와 살고 있었다. 시간이 흘러 아이들이 장성하여 아들은 전사가 되었다.

어느 날 남자의 부족과 이웃 부족 간에 전쟁이 일어났다. 이 때문에 한 달에 한두 번씩 소 떼를 몰고 이웃 동네를 통과하여 소금호수에 데려가던 행사를 더 이상 진행할 수 없게 되었다. 소들은 이 영향으로 우유를 생산하지 못하게 되었다.

남자의 아들이 자기 소들이 병들어 가는 것을 보고 소들을 소금호수에 데려가기로 하였고, 필요하다면 소들과 함께 죽기로 결심하였다. 누나가 동행하기로 하였다. 아들은 집을 떠나면서 여동생에게 소금호수에서 연기가 떠오르면 자기가 안전하다는 표시라고 얘기해 두었다.

소금호수에 도착하자 아들은 움막을 세우고 주변을 가시덤불로 둘러쌌다. 다음 날 아침, 아들은 소 떼를 몰고 풀을 먹이러 나가고 누나는 혼자 움막을 지키고 있었다. 며칠 동안은 적들이 이들 근처에 접근하지 않다가 어느 날 아침, 갑자기 들이닥쳤다. 누나 혼자 있었을 때였는데 적들이 누나와 성관계를 하고 떠났다.

저녁에 전사가 돌아와 적들의 발자국이 있는 것을 알아차렸지만 누나에게 아무 말도 하지 않았다. 다음 날 아침도

평소처럼 소 떼를 몰고 풀을 먹이러 나갔다. 그리고 소들이 안전한 장소에 이르자, 그가 돌아와 움막 근처에 몸을 숨겼다. 그러자 적들이 다시 와서 누나와 성관계를 하였다. 전사는 이들이 떠나기 직전에 누나가 하는 말을 엿들었다.

"오늘 밤 내 동생이 큰 암소 젖을 짜고 있을 때 내가 노래를 부를 거다. 그 틈에 당신들이 와서 나와 소 떼를 데려가면 된다."

전사는 소 떼에게 돌아갔다. 그리고 밤이 되어 움막에 돌아오자 무기를 준비해 두고 큰 암소의 젖을 짜고 있는 척했다. 곧 누나가 노래를 시작하자 그는 암소를 떠나 무기를 집어 들었다. 거의 동시에 적 한 명이 가시덤불을 너머로 뛰어들었으나 전사가 이를 처단하였다. 적 다섯 명이 똑같은 운명을 맞았고 나머지는 도망쳤다. 그 때 전사는 전진해 나가며 많은 장작을 모았다. 이것으로 불을 피우고 죽은 시체를 태웠다.

오랫동안 비가 내리고 있었고 남자의 부락 여인들은 비로 손상된 오두막을 쇠똥과 진흙을 버무려 수리하고 있었다. 전사의 여동생도 오두막 지붕에 있었다. 소금호수 쪽에서 연기가 떠오르자 여동생이 소리쳤다.

"오빠는 안전하다."

어떻게 아느냐고 묻자 그녀는 오빠가 떠날 때 해준 말을 모두에게 전했다.

다음 날 아침 남자의 부락 모든 사람들이 소금호수로 이동하였고 이들의 소들도 빠르게 회복하였다. 전사는 누나가 한 일을 전했고 아버지는 누나와 결혼할 청년을 열심히 찾게 되었다.

이 사건이 있기 전까지는 어린 소녀들은 전사들의 숙소에 따라가는 것이 일반적이지 않고 결혼할 때까지는 집에 머물러 있어야 했다. 하지만 이 소녀의 고난이 알려지자 소녀들이 전사들과 함께 가서 노래하고 춤추고 전사들과 살게 하는 것이 더 안전하다고 여겨지게 되었다. 이후로 내내 이러한 풍속이 지켜지게 되었다.

구슬꼬리라 불린 괴물과 남매

옛날 옛적에 두 아내를 거느린 남자가 살고 있었다. 한 아내가 아들, 딸 남매를 낳고 세상을 떠났다. 남겨진 어린 남매는 계모가 돌보게 되었다. 하지만 계모와 아버지는 남매를 미워하고 이들을 나쁘게 대했다.

어느 날 부락 사람들이 소 떼를 몰고 다른 방목지로 이동하였다. 하지만 남매는 버려진 마을에 남아서 혹시라도 남겨진 음식이라도 찾아 먹을 수 있을까 생각했다. 밤을 세워 찾다가 다음 날 아침에 소 떼의 행렬을 따라잡으러 출발하였다. 그러나 도중에 다른 행렬의 자취를 만나게 되었는데 이는 '구슬꼬리'라 불린 괴물의 행렬이었다. 남매는 실수로 괴물 행렬의 자취를 따라가다가 결국에는 괴물의 오두막에 도착하였다. 괴물은 이때 자기 소 떼를 돌보느라 집에 있지 않았다. 남매는 오두막을 청소하기 시작하고 괴물의 우유를 마셨다.

밤이 되어 소 떼가 오두막에 돌아왔을 때, 남매는 괴물의 침대에 몸을 숨겼다. 그들은 오두막 구석에 던져진 풀로 몸을 덮었다. 괴물이 돌아와서 집이 깨끗이 청소되고 우유를 누가 마신 것을 발견하고 울며 말했다.

"아! 우리 어머니 오두막의 정령들이 방문한 것인가? 내일 아침에 목을 매고 죽어야겠네."

남매는 괴물이 말하는 동안 침대에서 숨죽이고 있었다.

괴물이 소의 젖을 짜러 나가자 남자아이가 일어나서 말했다.

"내가 가서 우유를 좀 가져와야겠다."

여동생은 오빠를 단념시키려 했다. 괴물이 그를 발각이라도 하면 자기들 둘 다 잡아먹을 거라고 상기시켰다. 그럼에도 오빠는 밖으로 나가서 잠시 괴물이 암소에서 떠나 있는 틈을 타서 우유가 가득 든 표주박을 훔쳤다. 오빠는 표주박을 여동생이 있던 오두막으로 들고 와 같이 우유를 마시고 표주박을 원래 있던 장소에 갖다 두었다. 괴물이 돌아와 말했다.

"아! 우리 어머니 오두막의 정령들이 와서 내 우유를 마신 것인가? 내일 아침에 목을 매고 죽어야겠구나."

송아지들을 마구간에 넣어 놓은 후에 괴물이 오두막에 들어가서 입구에 불을 피웠다. 괴물의 꼬리가 매우 길어서 오두막 안에 넣지 못하고 밖에다 둔 채로 꼬리로 불을 부채질하였다. 등으로 바람을 일으켜 작은 불씨를 불꽃으로 만들었다. 괴물이 하는 행동을 보고 웃음을 터뜨렸다. 그러자 괴물이 말했다.

"아! 우리 어머니 오두막의 정령들이 나를 조소하고 있구나."

다음 날 아침 괴물이 목 주위에 줄을 단단히 쥔 다음에 목을 맸다. 괴물이 죽자 소년이 괴물의 긴 꼬리를 잘라서 챙겼다. 그리고 남매는 전날 자기들의 발자국을 다시 추적하면서 괴물의 소 떼를 몰고 여정을 시작했다.

얼마 지나지 않아 하이에나 떼를 만났는데 이들이 소년에게 누구의 소 떼가 이동하고 있는 것이냐고 물었다. 구슬꼬리의 소 떼라고 말하자 하이에나들이 소스라치게 놀라서 지금 도망가면 괴물이 따라 잡을 수 있겠느냐고 물었다. 소년은 나흘 동안 달려 도망친다면 괴물을 따돌릴 수 있을거라고 말했다. 괴물이 아주 멀리 있지 않다는 것을 보여주기 위해 소 떼 행렬 뒤에 떠오르고 있는 먼지를 가리키며 구슬꼬리 괴물의 꼬리라고 말했다. 즉시 하이에나들이 줄행랑을 쳤고 남매는 방해 없이 여정을 계속하게 되었다.

밤이 되어 쉬고 있을 때, 사자들이 찾아와 소 떼 주인이 누구냐고 물었다. 소년이 대답했다

"주인이 없다. 잡아 먹어도 좋다. 그러나 잡아 먹고 나서는 절대 자랑하면 안된다."

사자들은 이 말에 놀라서 물었다.

"왜 우리가 자랑하면 안되나? 구슬꼬리 괴물 외에 무서워할 게 뭐가 있단 말인가?"

그러자 소년이 물었다.

"소 떼들이 구슬꼬리의 물건이라는 게 당연하지 않나요?"

사자들이 이 말을 믿지 못하고 괴물을 보게 해 달라고 말했다. 소년은 괴물이 자고 있다고 말했다. 그리고 나서 송아지가 누워 있는 곳으로 가서 괴물 꼬리의 한 쪽을 송아지에 묶었다. 꼬리가 매우 길어서 한 쪽 끝에 서있으면 다른

쪽 끝이 송아지에 묶여 있는게 보이지 않았다. 소년은 사자들에게 돌아가 불러 냈다. 한 마리가 소년을 따라가 구슬꼬리 괴물의 꼬리를 보자 줄행랑을 쳤다. 다른 사자들도 모두 도망쳤다.

 다음 날 아침 소년은 소 떼 행렬을 따라 아버지의 오두막에 도착했다. 소년은 자기의 오두막을 짓고 나서 아버지와 계모를 죽였다. 그리고 나서 아버지의 소 떼와 자기의 소 떼를 합쳤다.

 의식을 치루고 소년과 여동생은 성인이 되었다. 이들은 결혼을 하고 내내 행복하게 살았다.

전사와 원숭이

　전사들이 이웃 부족을 습격하고 싶어했다. 습격을 감행하기 전 주술사의 상담을 받았다. 주술사는 도상에서 원숭이를 죽이게 되면 원정은 실패할 것이라고 말해 주었다.
　그런데 전사 중에 겁쟁이가 있었다. 주술사의 예언을 듣고 기회가 주어진다면 원숭이를 죽이기로 마음 먹었다.
　원정을 가는 길에 전사들은 원숭이 두 마리를 발견하고 서로에게 주의를 환기시켰다. 겁쟁이는 원숭이들을 보고 신발이 망가졌다는 핑계를 대고 일행에서 뒤로 쳐졌다. 동료들이 다 지나갈 때까지 기다렸다가 아파서 도망가지 못하는 원숭이를 죽였다. 그리고 나서 일행들과 재결합하여 원정을 계속하였다.
　한편 탈출했던 원숭이가 죽은 동료에게 돌아와 죽음을 애도했다.
　"오 나의 형제여, 도망치라고 했지만 도망칠 수 없다고 했지. 그러자 저주받을 놈이 와서 너를 죽였구나. 오 나의 형제여."
　전사들이 습격하려던 부족 마을에 도착하자 바위토끼의 덫으로 쓰이는 돌 아래에 한 사람이 앉아 있었다. 전사들은 살금살금 다가가 남자에게 곤봉을 던졌다. 곤봉이 목표물을 명중했지만 남자는 성가시게 하는 파리떼에만 짜증을 내고 있었다. 곤봉 하나를 더 던져 명중시켰지만 똑같은 반응만 있었다. 그리고 남자가 고개를 돌려 전사들을 보고 돌격해 왔다. 비록 맨손이었지만 전사들을 격퇴시켰다.
　전사들은 즉시 주술사의 충고에 반해 겁쟁이가 원숭이를 죽였다는 것을 알아차리고 현장에서 겁쟁이를 죽이고 말았다.

콘옉과 아버지

커다란 무도회가 열려 많은 전사와 처녀들이 참석했다. 저녁이 되면 춤은 끝나고 모든 전사들은 집에 데려 갈 한 명 또는 그 이상의 여자들을 선택하였다.

남자 한 명이 특별히 잘생기고 체격이 좋았는데 세 여자를 데리고 귀가하게 되었다. 떠나면서 남자는 여자들에게 어디로 가고 싶은지 물었다. 그러자 여자들은 남자를 따라 그의 오두막에 가고 싶다고 말했다. 아주 멀리 있다고 말했으나 여자들은 그런 것은 상관없다고 대답했다.

이들은 출발하여 한참을 걸은 후에 오두막에 가까이 가게 되었다. 소녀들은 멀리 땅바닥에 하얀 물체가 흩어져 있는 것을 발견하고 남자에게 무엇인지 물었다. 남자는 양과 염소라고 대답했으나 현장에 도착하자 사람의 뼈라는 것을 알게 되었다. 남자의 오두막에 들어서고 나서 이들은 남자가 혼자서 살고 있다는 것을 알고 깜짝 놀랐다.

차후에 알려지게 된 내용은 이 전사가 실제로는 사람들을 잡아먹는 악마였으나 옷 안에 꼬리를 감추고 있어서 알아차리지 못했다. 그는 심지어 자기 어머니도 잡아먹고 침대로 쓰이는 풀더미 속에다 뼈를 버렸다.

오두막에 도착하고 잠시 후에 남자는 소녀들을 놓아 둔 채 밖으로 나갔다. 갑자기 침대 쪽에서 목소리가 들려 소녀들이 깜짝 놀랐다. 누가 여기로 데려 왔냐고 물었다. 소녀들이 남자가 데려왔다고 말하자 목소리는 매트리스를 열어 달라고 말했다. 소녀들이 풀더미 한 겹을 여니 해골이 보였다. 그러자 해골에서 들려오는 목소리가 자초지종을 얘기했다. 자기는 남자의 어머니였는데 남자가 악마가 되어 자기를 잡아먹은 것이었다. 소녀들은 해골에게 자기들이 어떻게 해야 하는지 묻자 목소리는 다음과 같이 말했다.

"금방 남자가 양 한 마리를 가지고 들어올 거야. 양을 받아라. 그러면 그가 다시 밖에 나갈 거야. 문을 걸어 잠그고 밖에 앉아 있을 거야. 이 때 벽에 구멍을 뚫고 빠져서 나가라. 쿵쿵거리는 소리가 뭐냐고 물으면 양을 죽이는 중이라고 대답해라."

목소리가 예측한 대로 모든 것이 진행되었다. 소녀들은 오두막 벽에 구멍을 뚫고 빠져나간 다음 탈출했다. 그러나 이들이 큰길에 도착했을 때, 한 소녀가 갑자기 자기 목걸이를 놓고 온 것을 깨달았다. 일행은 기다릴 테니 목걸이를 가져오라고 말했다. 하지만 소녀가 오두막에 돌아가서 남자에게 잡혔다. 남자는 자기의 먹이가 될 것인지 아내가 될 것인지 결정하라고 했다. 소녀는 선택권을 준 것에 감사하며 아내가 되겠다고 말했다.

둘은 상당한 기간 동안 함께 살았다. 얼마 후에 여자는 악마의 아들을 낳아서 콘옉이라는 이름을 지었다. 태어난 날부터 콘옉은 아버지를 따라 사람을 잡아먹으러 숲 속에 갔다. 아버지와 아들은 사람을 잡아먹고 집에 올 때는 부인이 먹을 양과 염소, 젖을 짤 소를 구해 왔다.

어느 날 부인의 여동생이 부인을 만나보러 마을에 왔다. 동생이 왔을 때 콘옉과 아버지가 집에 없었기 때문에 두 여인이 앉아서 얘기하다 보니 어느덧 돌아갈 시간이 되었다. 떠나려고 일어서자 날씨가 험악하게 변했다. 콘옉의 어머니가 동생에게 큰소리로 말했다. 비가 오면 들판 한가운데 있는 나무 밑으로 가지 말라고. 하지만 동생은 급히 나가는 바람에 언니의 경고에 주의를 기울이지 않았다. 얼마 후에 비가 내리자 동생은 문제의 나무로 달려갔다. 바오밥 나무였다. 동생은 나무에 올라갔다. 얼마 지나지 않아 콘옉과 아버지가 현장에 도착해서 비를 피하려고 나무 아래에 서 있었다. 이들의 모습을 보고 동생은 언니의 경고가 떠올라 소스라치게 놀라 나무 위에 숨었다.

콘옉이 나무 위를 쳐다보더니 뭔가 이상하다고 말하자 아버지는 비가 심하게 내려서 그래 보이는 거라고 말했다. 그런데 잠시 후에 콘옉이 여자를 발견하고 소리쳤다.

"내 고기가 있네."

여자는 끌려내려가서 쌍둥이를 낳았다. 콘옉이 아이들을 집어 들면서 말했다.

"이 콩팥들을 어머니한테 가져가 구워 달라고 해야지."

비가 멈추자 아버지와 아들은 집에 돌아갔다. 콘옉이 어머니에게 콩팥들을 구워 달라고 했다. 여자는 즉시 여동생이 죽임을 당한 것을 알아차리고 아이들을 땅속 구덩이에 숨기고 대신에 쥐를 구웠다. 음식이 다 준비되자 콘옉이 불 피우는데 가서 돌에서 고기를 집어 들었다. 고기가 너무 작다고 불평을 하면서 먹었다. 어머니는 이것에 매우 화가 난 것처럼 행동했다. 그리고 남편에게 아들이 한 말에 대해 불평했다. 남편은 아내에게 아들은 거짓말쟁이니까 신경쓰지 말라고 말했다.

여자는 아이들을 먹이고 키워서 두 소년은 점점 더 자랐다. 어느 날 아내는 남편에게 잡아먹고 싶으니 황소 한 마리 구해 달라고 부탁했다. 콘옉이 이 부탁을 듣더니 귀를 쫑긋하게 세우며 말했다.

"여자가 황소 한 마리를 혼자서 먹는다는 얘기를 들으니 참 재밌네요. 아무래도 내가 갖다 준 콩팥과 관계가 있는 있는 것 같네요."

어쨌거나 두 남자는 황소 한 마리를 구해 왔다. 이들은 소를 잡아서 고기를 여자에게 주고 나서 숲으로 산책을 나갔다.

남자들이 나가자마자 여자는 아이들을 구덩이에서 나오게 해서 황소고기를 먹였다. 아이들은 해가 질 때까지 고기를 먹다가 다시 은신처로 돌아갔다.

곧 콘옉과 아버지가 돌아왔다. 콘옉은 매우 눈치가 빨라서 즉시 바닥에 작은 발자국이 있는 것을 발견했다.

"이 작고 무수한 발자국은 누구 거지? 분명히 내 것은 아닌데."

하지만 어머니는 강력하게 반박하며 발자국은 자기와 두 남자의 것이라고 말하자 남편도 아내의 편을 들었다. 콘옉이 자기 어머니를 대하는 것에 화가 나서 아버지가 아들을 죽여서 먹어버렸다. 그러나 아들은 즉시 다시 살아 나와서 소리쳤다.

"이봐요, 다시 살아왔어요."

시간이 지남에 따라 조카들이 장성하게 되자 이모는 어느 날 이들에게 물었다. 같은 오두막에서 살고 있는 두 사람이 사실은 악마이고 식인종이라는 것을. 또한 남편한테서 무기를 구해 준다면 콘옉과 자기 남편을 죽일 수 있겠느냐고 물었다. 조카들은 할 수 있다고 말하면서 아저씨가 왜 무기를 구하는지 물으면 어떻게 대답할 것인가 하고 물었다. 이모는 혹시 쳐들어올지도 모르는 적들에게서 자신을 보호하기 위한 것이라고 말하겠다고 했다.

콘옉과 남편이 집에 돌아오자, 여자는 남편에게 창 두 개, 방패 두 개, 장검 두 개를 구해 줄 수 있냐고 물었다.

"항상 혼자 집에 있어서 적들이 혹시 쳐들어 오면 싸울 수 있도록 대비하고 싶어요."

콘옉이 말하길 자기는 남자 무기를 구해달라고 하는 여자 얘기는 들어본 적이 없다며 아마 자기가 어머니에게 구워달라고 데려온 콩팥들과 관계있는 부탁일 거라고 했다. 콘옉의 반대에도 불구하고 남편은 아내가 부탁한 무기들을 구해 왔다. 남편이 무기를 주자, 여자는 소가죽을 가져와서 남자들에게 바닥에 눕게 한 다음 소가죽을 덮고 바닥에 못을 박았다. 여자는 이들에게 준비가 다 되어 적들이 오는지 확인하고 소리를 지르면 남자들이 나와서 도와줄 수 있을 것이라고 말했다. 여자는 소가죽에 단단히 못을 박을 다음 남자들이 가죽에서 빠져나올 수 있는지 물었다. 콘옉이 틈을 찾아서 기어나오려고 하자 다시 들어가라고 말하고 한 번 더 단단히 박았다. 그리고 나서 소리를 높여 소년들을 부르자 이들이 은신처에서 나와서 콘옉과 아버지를 죽였다.

콘옉이 죽으면서 아버지에게 말했다.

"내가 전에 말한 게 맞죠? 내가 거짓말을 했다고요?"

소년들은 두 악마를 죽인 후에 이모를 모시고 자기 아버지의 오두막으로 갔다.

남자와 무릎

남자가 독신으로 혼자 오두막에서 살고 있었다.

어느 날 밤, 잠을 자고 아침에 일어나니 무릎이 심하게 부어 있었다. 아무도 그를 돌봐줄 사람이 없어서 그는 단순한 종기로 알고 잠자코 있었다. 그런 상태로 여섯 달이 지나서 남자는 왜 종기가 아직도 곪아 터지지 않아서 짜낼 수가 없는지 궁금하게 생각했다. 두 달을 더 기다려도 종기가 곪아 터지지 않자 남자는 혼잣말을 했다.

"이러다 죽더라고 종기를 짜내야겠어."

그래서 남자는 칼을 들고 종기를 쨌다. 그러자 두 아이가 나왔다.

남자는 아이들을 돌보고 음식을 먹였다. 아이들이 성장하자, 남자는 자기가 밖에 나가서 음식을 구해 올 동안 아이들을 동굴 문 옆에 앉아 있으라고 시켰다. 그리고 모르는 사람에게 문을 열어주지 말라고 말했다.

남자가 돌아와서 노래를 불렀다:

"지금은 부드럽지만 아직은 터지지 않았어,

나의 무릎 아이들.

어린 것들아, 어서 나를 들여보내 줘,

나에게 문을 열어줘."

아이들이 문을 열자 남자가 동굴에 들어가서 음식을 주었다.

어느 날 남자의 적들이 동굴에 와서 아이들에게 말했다.
"아이들아, 문을 열어라."
하지만 아이들이 거절하자 이들은 해가 질 때까지 기다려 주인이 도착하는지를 확인하기로 작정했다.
저녁에 남자가 돌아와서 항상 부르던 노래를 부르자 문이 열렸다.
그러자 적들은 숨어 있던 자리에서 잠을 자고 다음 날 저녁에 같은 노래를 불러 아이들을 납치하기로 결정했다. 그리하여 다음 날 저녁 동굴로 가서 노래를 불렀다:
"지금은 부드럽지만 아직은 터지지 않았어,
나의 무릎 아이들.
어린 것들아, 어서 나를 들여보내 줘,
나에게 문을 열어줘."
하지만 목소리가 아버지와 달랐기 때문에 아이들은 문을 열어주지 않았다.
그러자 적들은 자기들 마을에 돌아가 주술사에게 상담을 받았다. 이들은 주술사에게 자기들 목소리를 남자의 목소리와 닮게 하여 숲속에서 발견한 아이들을 납치하고 싶다고 말했다.
주술사는 이들에게 아이들이 사는 곳으로 돌아 가면서 도중에 아무것도 먹지 말라고 일렀다. 하지만 이들이 동굴로 가는 도중에 길에서 도마뱀 한 마리와 개미 한 마리를 발견하고 잡아 먹었다. 작은 짐승이니 별로 문제가 없을 것으로 생각했다. 동굴에 도착한 이들이 노래를 불렀으나 아이들은 아버지의 목소리가 아닌 것을 알고 문을 열어주지 않았다.

적들이 다시 주술사의 움막으로 돌아가 도중에 뭘 먹었는지 묻자 대답했다.

"도마뱀 한 마리와 개미 한 마리."

이들은 다시 동굴로 돌아가면서 절대로 아무것도 먹지 말라고, 심지어 아주 작은 개미 한 마리도 먹지 말라고 조언을 받았다.

이들은 조언받은 대로 가는 길에 아무것도 먹지 않은 채 동굴에 도착하여 노래를 불렀다. 아이들이 아버지의 목소리라고 생각하고 문을 열어주자, 남자들이 동굴에 진입하여 아이들은 자기들 움막으로 데려갔다.

저녁이 되어 남자가 동굴에 돌아와 노래를 불렀다. 아무런 대답이 없으므로, 남자는 아이들을 찾아보았다. 아이들이 보이지 않아 남자가 울며 주변 마을로 찾아 나섰다.

한 움막에 도착하여 노래를 불렀으나 아무런 대답이 없었다. 그러자 다음 움막으로 가서 다시 노래를 불렀다. 아이들이 그 목소리를 알아듣고 울음을 터뜨렸다. 아버지가 그 소리를 듣고 밖으로 나가 크게 외쳤다. 마을 사람들이 남자에게 멈추라고 말하며 마을이 마법에 걸려 있다며 외부인은 특별한 약을 먹어야 마을에 들어올 수 있다고 하였다. 이 사람들은 모닥불에 돌을 집어넣은 다음 뜨거워지자 남자에게 입을 벌려 약을 먹으라고 말했다. 남자가 입을 벌리자 달궈진 돌을 집어넣고 남자를 죽였다. 이후에 무릎의 아이들은 이 마을에 남아 살게 되었다.

남자와 아내의 탐욕

　옛날에 어느 마을에 남자가 이웃들과 살고 있었다. 남자에게는 아내와 어린아이가 있었는데 아주 근사한 소 한 마리도 키우고 있었다.
　남자는 어느 날 혼잣말로
　"어떻게 우리 소를 잡아먹지?"
　하고는 아내에게 소리 내서 말했다.
　"여보, 사람들한테 우리 이사갈 거라고 말해야겠어. 그러면 우리끼리만 소를 잡아먹을 수 있을 테니까."
　아내도 동의했다. 저녁에 남자는 친지들에게 할 말이 있다는 표시로 나팔을 불었다. 이웃들이 모이자, 남자는 동네 공기가 자기에게 맞지 않아 이사하고 싶다고 말했다. 이웃들은 수긍하였고 아침이 되자 당나귀에 안장을 채우고 자기 소를 다른 소들에게서 분리시킨 후 길을 떠났다. 아내는 아이를 안고 남편을 따라갔다.
　이들은 어느 정도의 거리에 이르자 가던 길을 멈추고 움막을 세우고 휴식을 취했다.
　다음 날 동이 트자 남자는 아내를 불러 왜 아직 소를 잡지 않았는지 물었다. 아내가 대답했다.
　"여보, 어떻게 해야 우리가 소를 잡을 수 있냐고요? 두 가지를 생각해 봐야 해요. 첫째로, 우린 소몰이꾼이 필요하고, 둘째로, 제가 애기를 안고 다녀야 하잖아요."

그러자 남자가 대답했다.

"아, 어떻게 해야 할지 알아냈네. 내가 소의 목을 찔러 죽이고 당신에게 넘기면 당신이 가죽을 벗기면 돼. 내가 아이를 데리고 소 떼들에게 풀을 먹이러 갈게. 가죽을 다 벗기고 나면 고기를 좀 구워서 내가 돌아와서 먹을 수 있게 준비해 주게."

그리고 나서 남자가 소를 죽이고 활과 화살통을 집어 들고 아이를 등에 업고 소 떼를 몰고 풀을 먹이러 떠났다.

오후가 되어 아이가 잠이 들자, 남자는 아이를 풀 위에 내려놓고 여러 곳으로 흩어진 소들을 다시 불러 모으러 갔다. 하지만 아이를 내려 놓은 곳에 다시 돌아 와 보니 아이가 보이지 않았다. 그러자 남자는 풀에 불을 피우기로 결정하면서 생각했다.

"불이 아이에게 다가가면, 아이가 울겠지. 그럼 소리를 듣고 아이가 불에 타기 전에 내가 집어 들면 되겠지."

남자는 부젓가락으로 풀에 불을 붙이자 불이 아이가 있는 곳까지 타들어 갔다. 남자가 그 장소로 달려 갔다. 하지만 남자가 그곳에 도달해 보니 아이는 이미 죽어 있었다.

한편 남자가 아침에 아내에게 가죽을 벗기라고 죽인 소를 남겨 두었었다. 아내는 가죽을 벗기고 있었는데 목 밑의 처진 살을 발라내다가 칼이 손에서 미끄러져서 자기 눈을 찌르고 말았다. 아내가 누워 있는 사이에 새들이 와서 고기를 다 먹어 치웠다.

아이가 불에 타 죽은 후에, 남자가 소 떼를 몰고 움막으로 돌아왔다. 남자가 문밖에 도착하여 아내가
"오 내 눈!"
이라고 울면서 말하는 것을 들었다. 그러자 남자는 아내에게 누가 소식을 전해 줬는지 물었다.
아내가 반문했다.
"무슨 소식을요?"
남자가 대답했다.
"아이가 불에 타 죽었다네."
여인이 외쳤다.
"오, 내 아이!"
그러자 남자가 고기가 어디 있느냐고 물었고 아내는 새들이 다 먹어 치웠다고 알려 주었다. 이에 남자가 울부짖었다.
"오, 내 고기!"
두 사람은 울면서, 남자는
"오, 내 고기!"
를 외치고 아내는
"오, 내 아이! 오, 내 눈!"을 외쳤다.
이 사람들을 잘 보십시오. 탐욕 때문에 벌을 받은 것입니다.
아이와 소를 잃고 여인은 눈을 잃었습니다. 그리고 나서 굴욕적으로 옛집으로 돌아가야 했습니다.

여인과 시카모어 나무의 아이들

옛날에 어떤 여인이 남편이 없이 오랫동안 힘겹게 살아가고 있었다. 어느 날 혼잣말을 했다.

"왜 나는 항상 힘들다고 느끼지? 남편도 없고 자식도 없어서 그럴 거야. 주술사에게 가서 아이들을 얻는 방법을 알아야겠어."

여인은 주술사에게 가서 자신이 나이가 들었으나 남편과 자식이 없어서 불행하다고 말했다. 주술사가 남편과 자식 중에서 한쪽을 선택하라고 하자 여인은 자식을 원한다고 말했다.

여인은 냄비를 세 개 이상 들 수 있을 만큼 준비해서 과일이 열리는 시카모어 나무를 찾아서 냄비에서 과일을 가득 채운 다음 움막에 냄비를 놓고 산책을 하라는 조언을 받았다.

여인은 조언을 충실히 따라, 과일을 구해서 냄비에 채운 다음, 자기의 움막에 놓아두고 저녁때까지 산책을 나갔다.

산책에서 움막 가까이 돌아 오니, 사람 소리가 들리자 여인이 스스로에게 질문했다.

"왜 움막에서 아이들 목소리가 들리지?"

더 가까이 다가가니 움막은 아이들로 가득 차 있었다. 여인이 해야 할 일거리가 다 마무리되어 있었다.

남자아이들이 소 떼를 몰고, 여자아이들이 움막을 깨끗

이 청소하고, 전사들이 마당에서 춤추며 노래하고, 어린아이들은 여인을 환영하려고 기다리고 있었다. 그리하여 여인은 부자가 되어 자기 아이들과 한동안 행복하게 살았다.

하지만 어느 날 여인이 아이들에게 꾸지람을 하였다. 나무에서 생긴 아이들이라고 질책을 하였다. 아이들은 조용히 듣기만 하고 대꾸하지 않았다. 그리고 여인이 다른 움막에 친구들을 방문하러 간 사이에 아이들이 시카모어 나무로 돌아가 다시 과일이 되었다.

여인이 자신의 움막에 돌아와 보니, 아이들이 사라진 것을 알게 되었다. 슬피 울며 주술사에게 다시 가서 왜 아이들을 빼 돌렸냐고 따졌다. 주술사는 이제 여인이 어떻게 해야 할지 모르겠다고 말했다. 그녀가 시카모어 나무를 살펴보러 가는 것이 어떨지 묻자 주술사는 해 볼만 하다고 조언했다.

여인은 냄비를 가지고 시카모어 나무에 올라 갔다. 하지만 여인이 과일에 다가가자 과일들이 모두 눈을 앞으로 향하며 여인을 노려보았다. 여인은 소스라치게 놀라 나무에서 내려올 수도 없었다. 친구들이 와서 여인을 부축해 나무에서 내려오게 하였다.

여인은 더 이상 아이들을 찾으러 시카모어 나무에 가지 않았다.

마로고의 아버지

옛날에 엄청난 대식가인 '마로고의 아버지'라고 불리는 남자가 살고 있었다. 그에게는 마로고라는 무남독녀가 있었는데 그는 아이에게 음식을 구해줘야 하기 때문에 아이를 매우 싫어했다.

시간이 지나서 아내가 둘째를 낳았고 비슷한 시기에 딸이 결혼을 하여 남편의 움막으로 이사하였다. 그리하여 남자는 아내와 아이와 살게 되었다.

어느 날 딸 마로고는 사람을 보내 부모를 다음 날 자기 집으로 초대하였다. 자기들이 다음 날 소를 잡을 계획을 가지고 있었기 때문이었다. 전령이 도착할 때, 마로고의 아버지는 소 떼들을 돌보느라 집에 없었기 때문에 전령은 아내에게 초대 소식을 전하자 아내는 초대를 받아들이겠다고 답변하였다.

저녁이 되어 소 떼들이 돌아오자 여인은 남편에게 말했다.

"마로고의 아버지, 마로고가 우리에게 소식을 전해왔어요."

남편이 대답했다.

"그년이 뭐라고 했는데?"

여인은 딸에게 욕을 하는 남편을 책망하며 사위가 다음 날 소를 잡기 때문에 부모를 축제에 초대하려고 한다는 말을 전했다.

마로고의 아버지는 기뻐하며 외쳤다.

"오! 내 사랑하는 마로고. 누가 봐도 내 딸이야."

다음 날 아침, 부부는 사위집을 향해 길을 나섰다가 도중에 강에 이르게 되었다. 아이를 안고 가던 아내가 남편을 불러 도움을 요청했다. 남편이 아이를 자기에게 데려오라며 자기가 강을 건너 데려가겠다고 말했다. 동시에 그가 아내에게 염소와 맞바꾼 진흙 항아리를 주면서 물살에 떠내려가지 않도록 조심하라고 일렀다.

그리고 남자는 강으로 들어갔으나 중간에 이르기도 전에 아이를 놓쳐서 아이가 물살에 떠내려가고 말았다. 아내가 울음을 터뜨리자 남편은 조용히 하라며 하류에서 아이를 건져 낼 수 있을 것이라고 말했다. 남편은 허공에 대고 소리를 질렀다. 소리가 나무들 사이에서 메아리로 바뀌며 멈추자 남편은 말했다.

"아이를 구해줘요."

메아리가 부부에게 돌아오자 남편이 아내에게 응답하는 소리를 듣지 않았냐고 물으며 길을 계속 가야 한다고 재촉했다.

강을 건너 강둑을 지나게 되자 아내가 남편에게 아이를 건져 낸 사람이 어디 있느냐고 물었다. 마로고의 아버지가 대답했다.

"여자들은 이렇게 바보라니까! 이 아이를 잃었더라도 또 하나 낳으면 그만 아닌가?"

부부는 여정을 계속하여 마로고의 움막 가까이 가자, 남편이 사람들이 소를 잡고 있는 것을 목격하였다. 아내가 한참 뒤쪽에서 따라오고 있었기 때문에 남자는 뭉둥이로 아내에게 손짓하여 축제가 시작되었다고 알렸다. 그는 아내에게 손짓만 한다고 생각했으나 아내가 가까이 오자 몽둥이로 아내의 머리를 쳐서 피가 솟구쳤다.

남자는 자신의 실수를 미안해하며 흙을 집어서 상처에 발랐다. 그는 아내에게 방문하는 사람들에게 자기가 머리를 쳤다는 것을 밝히지 말라고 당부했다. 그리고 덧붙여 말하기를.

"고기를 많이 제공받거든 거절하지 말게. 한 쪽에다 놓아두었다가 나를 주게. 나는 배불리 먹을 수 없기 때문이거든. 이제 당신은 애도 없으니, 당신이 남긴 음식은 다 집에 들고 가는 데 문제가 없지 않겠소?"

부부가 딸의 움막에서 한참을 지내다가 집에 돌아갈 시간이 되자 여인은 집에 돌아가서 남편이 먹으러 남겨 두었던 고기를 챙겼다.

두 아내와 쌍둥이

옛날에 한 남자에게 아내가 두 명이 있었다. 한 아내와는 아이가 없었으나 다른 아내에게서 아이를 여러 명 두었다.

어느 날 아이를 가진 아내가 쌍둥이를 낳았다. 여인은 두 아이가 다 아들이라는 소식을 듣고 매우 기뻐하였다. 한편 아이를 낳지 못한 아내는 질투심에 휩싸여 행복한 엄마에 대한 남편의 사랑을 미움으로 바꿀 일을 꾀하기로 마음먹었다. 그녀는 아이 엄마가 잠자고 있는 사이에 아이들을 데려가서 손가락을 자른 다음에 여기서 나온 피를 아이 엄마 입에 발랐다. 그리고 나서 아이들을 드럼통에 넣고 강물에 던진 후에 마을 사람들을 불러서 자식을 먹어 치운 여자를 와서 구경하라고 말했다. 사람들이 와서 입에 묻은 피를 보고, 아이를 아무리 찾아도 보이지 않았으므로 이 이야기를 사실로 믿었다. 남편은 처음에는 살인 용의자 아내를 두고 어떻게 해야 할지 결심이 서지 않았다. 그러나 얼마 후에 그는 아내를 불러 남은 평생 동안 당나귀를 모는 일을 하도록 처벌하겠다고 말했다.

아이들이 담긴 드럼통은 물살에 실려 다른 나라로 떠내려갔는데 마을 밖 강둑에 앉아 있던 어른들이 이것이 발견하였다. 드럼통을 처음 본 사람이 드럼통은 자기가 갖겠다고 주장하고 또 다른 사람은 드럼통의 내용물이 무엇이든 자기가 갖겠다고 말했다. 물에서 드럼통을 건지고 나서 열어 보니 두 아이가 나왔다. 드럼통의 내용물을 갖겠다고 말한 남자가 아이들을 자기 움막으로 데려가서 음식을 먹이고 자기 아들로 키웠다.

시간이 지나 소년들은 성장하여 성인식을 치르고 전사가 되었다. 이들은 놀이 친구와 동료 전사들에게서 '드럼통의 아들'이라는 별명을 듣고 그 의미를 알지 못하여 나이 드신 분들에게 왜 이런 별명이 지어진 것인지 문의를 하였다. 자신들이 강의 드럼통에서 발견된 이야기를 듣고 형제는 자기들이 태어난 나라를 방문하기로 마음먹었다. 빈손으로 방문하지 않기 위해서 먼저 사냥을 하여 소들을 잡아가는 것이 좋겠다고 생각했다. 바로 얼마 후에 이들은 사냥여행을 떠나 성공적으로 소들을 포획하였다. 그리고 삼림지역을 지나서 드디어 다른 나라에 도착하여 사람들이 사는 흔적이 분명한 곳에 이르게 되었다. 이곳에서 얼마 지나지 않아 마을 외곽에서 당나귀를 돌보는 여인을 만나게 되었다. 여자가 당나귀를 돌보는 천한 일을 하는 것을 보고 매우 놀라서 형제가 여인에게 말을 걸었다. 이들이 물었다.

"어쩌다가 당나귀를 돌보고 있나요? 이런 일은 애들이 하는 것 아닌가요?"

여인이 대답했다.

"청년들, 이 일은 왜 내가 하는지 설명하는 것은 고통스럽다네."

그러면서 여인은 자기의 슬픈 이야기를 전하기 시작했

다. 여인은 남편이 아내가 두 명이 있었다는 이야기, 다른 아내는 아이를 가질 수 없었고 자기는 아이를 몇 명 낳았다는 이야기를 전해 주었다. 또한 쌍둥이 아이에 대해서도 이야기하면서 다른 아내가 자기가 잠들어 있는 사이에 아이들의 손가락을 자르고 자기 입에 피를 바른 것을 말했다. 계속해서 여인은 다른 아내가 아이들을 드럼통에 넣어서 강에 버리고 자기는 처벌을 받아서 어떻게 살고 있는지 한탄했다.

전사들은 이 이야기를 듣고 여인에게 말했다.

"우리가 당신의 아이입니다. 우리 손가락을 보세요."

그리고 이들은 자기들이 드럼통에서 발견되었다고 전해 들은 이야기를 해주었다.

여인은 즉시 아들들을 알아보고 아들들의 부탁으로 당나귀를 버리고 아들의 소의 젖을 짰다. 저녁이 되어 당나귀들은 스스로 마을로 돌아가니 마을 사람들은 마을 사람들이 붙인 이름인 '당나귀 여인'이 어디로 간 것인지 서로에게 물었다.

다음 날 여인이 새 옷을 입고 나타나자 마을 사람들이 '당나귀 여인'이 자기가 먹여 치운 아들들은 찾았는지 물었다. 남편이 여인을 보자 그녀를 때리려고 하였으나 두 전사가 이를 막고 남자에게 마을의 남자들을 불러 모아서 대화를 할 수 있게 해 달라고 요청하였다.

마을의 남자들이 모였고 두 전사는 남편의 아들이라는

것이 밝혀졌다.

　그러자 남자가 자기의 아이를 낳지 못하는 아내를 죽이려고 하였으나 아들들이 자기 어머니가 하던 일을 시키라고 요청하였다. 남자는 이 말을 따라 죄지은 여인이 평생 당나귀를 돌보는 일을 하도록 처분하였다.

애벌레와 야생동물들

　옛날에 애벌레가 토끼가 집을 비운 사이에 토끼집에 들어갔다. 토끼가 돌아와서 바닥에 발자국을 발견하고 소리쳤다.
　"누가 내 집에 들어와 있나?"
　애벌레가 커다란 소리로 대답했다.
　"나는 거인의 전사 아들로 커르티알 나라의 전투에서 족쇄가 풀렸다. 코뿔소를 땅바닥에 으깨고 코끼리를 쇠똥으로 만든다! 나는 천하무적이다!"
　토끼는 도망치면서 말했다.
　"나처럼 작은 동물이 코끼리를 쇠똥처럼 밟아 버리는 거인에게 어떻게 해볼 수 있겠어."
　길에서 자칼을 만나자 그에게 자기 집을 차지하고 있는 거인과 얘기해 줄 수 있는지 부탁하였다. 자칼이 부탁을 들어 주었다. 토끼집에 도착하여, 자칼이 큰 소리로 짖으며 말했다.
　"내 친구 토끼의 집에 있는 자가 누구냐?"
　애벌레가 대답했다.
　"나는 거인의 전사 아들로 커르티알 나라의 전투에서 족쇄가 풀렸다. 코뿔소를 땅바닥에 으깨고 코끼리를 쇠똥으로 만든다! 나는 천하무적이다!"
　이 말을 듣고 자칼이 말했다.

"이런 거인에게 내가 할 수 있는 일이 없겠네."
그리고 자칼이 떠났다.
그 다음에는 토끼가 표범을 붙잡고 자기 집에 있는 사람과 얘기 좀 해 달라고 애걸하였다. 표범이 토끼집에 도착하여 으르렁거렸다.
"내 친구 토끼의 집에 있는 자가 누구냐?"
애벌레가 자칼에게 했던 것과 같은 방식으로 대답하자, 표범이 말했다.
"그가 코끼리와 코뿔소를 박살 낸다면, 나한테도 똑같이 할텐데."
그들은 다시 도망을 치고 토끼가 이번에는 코뿔소에게 부탁했다. 토끼의 집에 도착하여 코뿔소가 안에 누가 있는지 묻고 애벌레의 대답을 듣자, 코뿔소는 말했다.
"뭐라고? 나를 땅에 으깰 수 있다고? 그럼 도망가는 게 상책이야."
토끼는 다음으로 코끼리에게 부탁하여 자기를 도와 달라고 하였다. 코끼리도 애벌레가 한 말을 듣고 쇠똥처럼 밟히기 싫다면서 떠나 버렸다.
그때 개구리 한 마리가 지나가고 있었다. 토끼가 개구리에게 모든 동물들을 이겨낸 사람을 자기 집에서 떠나게 할 수 있는지 물었다. 개구리가 토끼의 집에 가서 안에 누가 있는지 물었다. 개구리도 이전과 같은 대답을 들었지만 도망가지 않고 더 가까이 들어가서 말했다.

"강하고 뜀뛰기 선수인 내가 왔다. 내 엉덩이는 기둥과 같고 신이 나를 악독하게 만들었다."

애벌레가 이 말을 듣고 몸을 떨었다. 애벌레는 개구리가 접근하는 것을 보고 말했다.

"전 보잘것없는 애벌레랍니다."

근처에 모여 있던 동물들이 애벌레를 잡고 밖으로 끌어냈다. 그리고 그들 모두 애벌레가 일으킨 말썽에 대해 한바탕 크게 웃었다.

전사와 럼브와족

 마사이 전사들이 숲에서 소를 잡는 동안 적군인 럼부와족이 갑자기 마을에 나타나 근처에서 풀을 뜯고 있던 소 떼를 몰고 갔다. 그러면서 소를 돌보던 소년을 죽였다.
 이 소식을 듣고 소 떼의 주인의 여동생인 어린 소녀가 오빠를 부르러 도살장으로 달려갔다. 도착하자마자 소녀는 전사들에게 고함을 질렀다.
 "오, 잔치를 즐기고 있는 사람들아! 럼부와 방향에서 먼지가 떠오른다. 얼룩 암소가 새끼를 낳으려고 하고 있고 작은 송아지들이 머리 양쪽에 얼룩이 있다. 숫소들의 혹등이 앞뒤로 움직인다. 그리고 아이의 시체가 길가에 누워있다. 염소가죽 앞치마를 두르고 있는 사람들아, 싸울 준비가 돼 있으며 나오라!"
 전사들은 그녀에게 그녀의 오빠가 거기에 없다고 더 멀리 가 보면 사람들이 거기서도 소를 잡고 있으니 찾아보라고 일러 주었다. 소녀는 다시 출발하여 얼마 후에 오빠를 찾았으나 오빠는 사건을 대수롭지 않게 대했다. 일어난 일에 대해 듣더니 자기의 하인 린디를 불러 자기의 신발과 창을 가져오라고 시켰다.
 한편 오빠는 엄청난 거인이어서 하인이 무기와 신발을 들 수가 없었기 때문에 주인이 기다리는 곳까지 무기와 신발을 굴려서 가져가야 했다. 소 떼를 도둑맞은 후 며칠이 지난 후에 전사가 적을 쫓아 출발할 준비가 되었고 하인 한 명만 동반하였다.

이들이 출발하고 얼마 후에 암소가 송아지를 낳은 장소에 도달하고 약간 더 진행한 후 연못에 당도하였는데 우유가 약간 엎질러져 있었다. 전사가 하인에게 우유를 맛보게 하여 적들이 어느 정도 앞에 있는지 가늠하게 하였다. 하인 린디가 우유의 맛을 보고 이틀이 된 것이라고 말했다. 이들은 여정을 계속하여 호수에 도달하게 되었는데 여기에도 우유가 엎질러져 있었다. 린디가 다시 우유의 맛을 보고 하루 전부터 있던 것이라고 말했다.

다음 날 아침 이들은 또다시 길가에 우유를 발견하고 린디는 전날 밤에 엎질러진 것으로 판단하였다.

두 사람은 계속 길을 재촉하여 낮 시간에 우유를 발견하게 되었는데 매우 신선해 보였다. 린디가 이것을 맛 본 후에 전사에게 자기들 바로 앞에 있을 것이므로 럼부와족이 보이지 않느냐고 물었다.

잠시 후에 이들은 적들을 마주하게 되었고 전투가 일어나고 전사가 적들을 섬멸하고 자기의 소 떼를 찾은 후에 이들을 몰고 자기 마을로 돌아갔다.

소년과 형제의 노래

한 남자에게 아내가 두 명이 있었는데 각 아내로부터 아들 하나씩을 낳았다. 한 아내가 죽어서 남자는 다른 아내에게 두 아이를 다 돌보게 시켰다.

소년들이 서로를 매우 사랑하여 아버지의 소 떼를 항상 같이 돌보았다. 이들이 특별히 좋아하고 '얼룩회색이'라고 이름 붙인 애완 암소가 있었는데, 젖을 짜고 싶으면 다음 노래를 부르기만 하면 되었다:

"우리 아버지의 아이, 사랑하는 형제여,
암소가 우유를 준다, 우리 얼룩회색이,
암소가 우유를 준다, 송아지가 곁에 없어도,
나의 이 노래는 암소가 거부할 수 없지,
내 입 안으로 너의 젖을 짜지는 않아,
사랑하는 얼룩회색이, 두려워하지 마라,
박도 없고, 표주박도 없지,
네가 사랑하는 나만 여기에 있단다."

얼마 지나지 않아서 여인은 의붓아들을 매우 미워하게 되었다. 그녀는 의붓아들을 없애서 자기가 낳은 자식이 우유를 독차지하게 만들기로 마음먹었다. 그래서 움막 바닥에 구덩이를 판 다음에 소년에게 말했다.

"신이 나에게 보낸 아이야, 낮에 풀 먹이는 장소에서 나에게 오너라. 머리를 면도해 주겠다."

아이가 돌아오자 계모는 아이에게 움막에 들어가 침대 밑에 있는 면도기가 담긴 가방을 가져오라고 시켰다. 아이가 움막에 들어갔으나 바닥에 파 놓은 구덩이를 보지 못하고 구덩이 속으로 빠지고 말았다. 여인은 즉시 큰 돌멩이로 구덩이를 막았다.

저녁이 되어 큰아들이 소 떼를 몰고 마을로 돌아와서 어머니에게 동생이 어디 있는지 물었다. 여인은 얼마 전에 동생 머리를 면도해 주었는데 다시 소 풀먹이는 장소로 돌아갔다고 대답했다. 아들이 동생을 보지 못했다고 말하자 여인은 울며 외쳤다.

"내 아이를 잃어버렸구나."

저녁이 되도록 소년에 대해 아무 소식이 없어서 그가 죽은 것으로 생각되었다. 소년은 매우 고통스러워했다. 소년은 다음날 소 떼를 돌보는 대부분의 시간을 울면서 형제가 매일 부르던 노래를 불렀다.

그는 저녁에 소 떼를 몰고 마을로 돌아오면서 노래를 불렀다. 자기 어머니의 움막 밖에 있을 때 동생도 같이 노래하는 것을 들었다. 노랫소리를 듣고 소년은 움막의 문으로 가서 다시 노래를 불렀다. 동생이 응답했다. 그러자 소년은 목소리를 확실히 알아차렸다. 그는 움막에 들어가 돌멩이를 치우고 동생을 구출하였다.

이때 어머니는 송아지들을 돌보고 있었다. 송아지를 한 마리씩 어미 소에게 보내 젖을 먹게 했다. 움막에 돌아와 의붓아들을 보고는 소스라치게 놀라서 어디에 있다 왔느냐고 물었다. 친아들이 대답했다.

"동생이 숲속에서 왔어요."

다음날 아침 소년이 검의 날을 세웠다. 그리고 자기 어머니가 움막을 나설 때 그녀의 목을 쳤다. 이리하여 아무런 잘못 없이 구덩이에 빠뜨려진 배다른 동생의 복수가 이루어졌고 여인은 자기 죄를 목숨으로 갚았다.

타조 병아리들

옛날에 타조 한 마리가 알을 낳고 부화를 시켜서 병아리들을 키우고 있었다.

어느 날 사자가 와서 병아리들을 훔쳐서 숨겼다. 엄마 타조가 도둑을 쫓아가서 자기 새끼들을 내놓으라고 요구했으나 사자가 이를 거절하고 타조를 쫓아냈다. 타조는 카운슬러들에게 호소하였으나 이들은 사자를 무서워하며 병아리들이 사자의 것이라고 판정하였다. 이에 타조는 모든 동물들의 회의를 요구하였다.

타조가 몽구스가 살고 있는 곳에 도착하자 몽구스는 타조에게 개미탑 아래에 입구가 두 개인 굴을 파라고 조언했다. 타조를 조언대로 따르고 모든 동물들을 개미탑으로 불러 모았다. 하지만 카운슬러들과 마찬가지로 동물들은 사자를 무서워하며 병아리들이 사자의 것이라고 말했다. 자기의 의견을 말할 차례가 되자, 몽구스가 외쳤다.

"털 있는 짐승이 깃털 있는 짐승을 낳는 것을 본 적이 없다. 여러분이 말하는 것을 생각해 봐라. 병아리들은 타조의 것이다."

이렇게 외친 다음에 몽구스는 개미탑 아래의 굴로 뛰어 들어가서 반대쪽 입구로 탈출하였다.

사자도 그를 따라 뛰어갔으나 반대쪽 입구를 알지 못한 채로 몽구스가 들어간 입구 쪽으로 나오기만을 기다렸다.

시간이 지나고 사자는 배가 고파졌으나 계속해서 입구를 지켜보았다. 왜냐하면 음식을 찾으러 자리를 비우면 몽구스가 도망갈 것으로 생각했기 때문이었다. 마침내 사자는 굶어 죽고 타조는 자기 병아리들을 되찾게 되었다.

여인과 결혼한 까마귀

옛날에 한 여자와 관계를 한 까마귀가 있었다. 까마귀가 여자의 아버지에게 통상적인 선물인 어린 암소 세 마리, 어린 황소 두 마리, 꿀 포도주를 전해주자 여자와 결혼하도록 허락받았다. 까마귀는 여자를 데리고 숲속에 가서 살았다.

일 년이 지나가는 시점에 여자가 까마귀에게 그의 움막이 어디냐고 묻자 까마귀는 말해 주지 않았다. 매일 그녀가 언제쯤 집에 가는 것이냐고 물어도 까마귀는 전혀 대답을 해주지 않았다.

어느 날 까마귀가 여자에게 나무에 올라가서 자기가 장작을 마련해 올 때까지 기다리라고 하였다. 여자는 까마귀가 시킨대로 나무 꼭대기에 올라가서 울면서 노래를 불렀다.

마침 이때 여자의 옛 애인이 여자의 남자형제들과 사냥을 마치고 근처를 지나가고 있었다. 옛 애인은 노랫소리를 알아듣고 친구들에게 그녀의 목소리를 들었다고 말했다. 이들은 옛 애인을 놀리며 애인을 잃어버린 탓에 머리가 돈 것이라고 말했다. 그러나 그들은 열심히 소리를 들어보고 나서 자기들이 들은 목소리는 그녀의 목소리라는 것을 인정하고 그녀를 찾아 나섰다. 이들은 그녀가 나무 꼭대기에 있는 것을 발견하고 어쩌다가 거기에 있게 된 것인지 물었다. 여자는 자기는 까마귀에게 팔려 왔으며 까마귀가 지금은 장작을 구하러 갔다고 대답했다. 이들은 여인에게 까마귀가 오더라도 내려 오지 말라고 말하고 몸을 숨겼다.

잠시 후에 까마귀가 장작을 가지고 와서 자기 아내를 부르며 내려오라고 했다. 하지만 여인은 까마귀가 끌고 내려가겠다고 협박했음에도 내려가기를 거절했다.

둘이 다투고 있는 사이에 여인의 남자 형제들과 옛 애인이 은신처에서 나와 까마귀와 싸움을 벌였다. 이들이 싸움에 이겨 까마귀를 죽이고 나서, 여자를 데리고 자기들의 마을로 되돌아갔다.

토끼와 하이에나와 암사자의 동굴

　토끼가 하이에나를 만나서 같이 산책하자고 제안했다. 둘은 한동안 같이 산책하다가 각자의 길을 갔는데 토끼는 암사자의 동굴에 갔다. 동굴은 입구가 닫혀 있었다. 토끼가 고함을 질렀다.
　"열려라, 바위"
　그러자 바위가 굴러 나와 동굴 입구가 열렸다. 토끼가 동굴에 들어간 다음 말했다.
　"닫혀라, 바위"
　그러자 바위가 원래 위치로 되돌아갔다. 그리고 나서 토끼는 사자가 기름 덩어리를 저장해 둔 방에 들어가고 다음에는 고기를 저장해 둔 방에 들어갔다. 배불리 먹은 다음 토끼가 입구로 돌아가 바위에게 문을 열라고 명령하고 밖에 나간 다음 닫으라고 명령했다.
　나중에 다시 배가 출출해지자 토끼는 동굴로 향하고 있었다. 가는 도중에 하이에나를 만났는데 하이에나가 토끼가 어디에 있었고, 왜 입에서 기름기가 흐르느냐고 물었다. 토끼는 자기 입에 기름기가 흐르는 게 아니라고 부인하였으나 하이에나가 집요하게 묻는 바람에 입에 재를 발라 보면 입이 자기처럼 예쁘게 될 것이라고 말했다.
　하이에나는 시키는 대로 해보았으나 외모에 전혀 변화가 일어나지 않았다. 다음에는 토끼가 물로 입을 닦아보라고 제안하고, 그다음에는 오줌으로 닦아보라고 하였다. 하이에나가 두 가지 방법을 다 써보았으나 그의 입은 여전히 건조한 상태였다.

그러자 하이에나가 말했다.

"제발 어디 가서 뭘 먹었는지 얘기 좀 해 줘."

처음에는 토끼가 부탁을 들어 주기를 거부하며 말했다.

"너는 매우 어리석어서 어디를 가나 잡힐 것이 분명해."

하지만 하이에나가 들은 척도 하지 않자, 토끼는 하이에나가 자기를 따라 오는 것을 허락하며 암사자의 동굴에 대해 이야기해 주었다. 토끼가 말했다.

"방이 다섯 개 있는데, 첫째 방에는 재가 있고, 둘째 방에는 뼈가 있으며, 셋째 방에는 질긴 고기, 넷째 방에는 부드러운 고기, 그리고 마지막 방에 기름 덩어리가 있어."

그러자 하이에나가 소리쳤다.

"집어치우고, 나를 데려다줘."

그리고 둘은 동굴로 향했다.

둘이 동굴에 도착하자 토끼가 하이에나에게 동굴 문을 열려면 "열려라, 바위", 동굴 문을 닫으려면 "닫혀라, 바위"라고 해야 한다고 알려 주었다. 하이에나가 외쳤다.

"열려라, 바위"

그러자 바위가 굴러 나오며 입구가 열렸다. 둘이 안으로 들어가서 토끼가 말했다.

"닫혀라, 바위"

그러자 동굴이 다시 닫혔다.

하이에나가 즉시 재가 있는 방으로 들어갔는데 토끼는 기름 덩어리가 있는 방으로 갔다. 토끼가 먹을 만큼 먹고 굴 입구로 가서 하이에나에게 자기는 돌아가겠다고 말했다. 하이에나는 자기는 아직 배가 덜 불렀다고 불평했다. 하이에나에게 동굴을 나오는 방법을 말해주고 토끼는 바위가 있는 쪽으로 가서 말했다.

"열려라, 바위"

그리고 다시 밖으로 나간 다음에 말했다.

"닫혀라, 바위."

혼자 남겨지자 하이에나는 뼈가 있는 곳으로 가고, 그 다음에는 질긴 고기가 보관된 방으로 진행하여 배가 가득 찰 때까지 먹었다. 그리고 나서 입구로 돌아가 바위에게 "열려라, 바위"라는 말 대신에 "닫혀라, 바위"라고 외쳤다. "닫혀라, 바위"를 몇 차례 반복하였으나 아무런 일이 일어나지 않자 왜 그런지 알 수가 없었다.

이러고 있는 사이에 동굴의 주인인 사자가 돌아와서 말했다.

"열려라, 바위"

하이에나가 이 소리를 듣고 외쳤다.

"아, 이런! 이게 내가 해야 했던 말이네. 이런 불쌍한 짐승 같으니! 열려라, 바위! 열려라, 바위!"

사자가 들어와서 말했다.

"너를 잡아먹을까 아니면 내 하인이 되겠나?"

하이에나는 하인이 되겠다고 요청하여 사자의 새끼를 돌보는 일을 맡았다. 또한 뼈 하나를 받았는데 사자가 강을 네 번 건너면 이를 깨뜨리라는 지시를 받았다. 하이에나가 사자의 발자국을 세면서 강을 네 번 건넌 것으로 계산되는 시점에 받은 뼈를 깨뜨렸다. 그런데 뼛조각 하나가 새끼 사자의 머리로 날아가서 머리뼈를 깨뜨렸다. 사자가 돌아와서 자기를 죽일 것을 두려워하며 하이에나는 말벌을 구해 새끼 사자의 양쪽 코 안에 넣어 마치 말벌에 쏘여 죽은 것처럼 꾸며 놓았다.

얼마 후에 사자가 동굴에 돌아와 하이에나를 불러 자기 새끼를 데려오라고 하였다. 얼마 동안 얼버무리면서 시키는 대로 하지 않은 몇 가지 핑계를 댔다. 그러나 사자는 확고부동하여 하이에나는 어쩔 수 없이 새끼를 집어 들어 어미에게 가져갔다. 사자는 즉시 새끼가 죽어 있는 것을 알고 밖으로 내어놓으라고 시켰다. 하이에나는 새끼를 밖으로 가져가면서 다리 하나를 먹어 치웠다.

얼마 후에 하이에나는 또 새끼를 어미에게 데려가고 다시 밖으로 내어놓도록 지시받았다. 두 번째로 밖으로 내어놓으면서 하이에나는 다리 하나를 또 꿀꺽 삼켰다. 사자가 세 번째로 새끼를 데려와 달라고 부르자 하이에나는 새들이 새끼의 다리 두 개를 먹어 치웠다고 말했다. 그리고 나서 새끼를 전부 먹어 버렸다.

사자는 하이에나의 악행에 대해서 처벌하기로 하였다. 나무에 그를 묶은 다음 매질을 하려고 회초리를 찾으러 나갔다. 하이에나가 나무에 묶여 거기에 서 있을 때 사냥에 여념이 없던 하이에나들이 근처를 지나가다가 한 마리가 그를 보고 왜 그렇게 나무에 묶여 있는지 물었다. 그는 파리가 떠있는 기름을 마시지 않는 것에 대해 벌을 받고 있다고 대답했다. 아래 있던 하이에나가 서로 자리를 바꾸자고 제안해, 매듭을 풀고 자신을 나무에 대신 묶게 하였다. 먼저 있던 하이에나는 사냥하는 무리를 따라 떠났다.

얼마 후에 사자가 돌아와서 하이에나에게 매질을 시작하자, 하이에나가 소리쳤다.

"멈추세요. 이제 기름을 마실게요."

"뭘 마신다고?"

사자가 말하면서 다시 매질을 시작했다.

하이에나는 울부짖었다.

"오! 오! 파리가 떠있는 기름을 마실게요."

그러자 사자는 자기 새끼를 죽인 하이에나가 아니라는 것을 알아차렸다.

다음 날 아침 사냥을 마치고 돌아오던 하이에나들이 사자의 동굴을 지나가고 있었다. 새끼 사자를 죽인 하이에나가 멀리 땅바닥에 길쭉한 나무껍질 조각을 발견하였는데, 사자가 고기처럼 보이도록 바닥에 펼쳐 놓은 것이었다. 하이에나가 말했다.

"주인님 집에 가야 하겠어. 보니까 사냥해 놓은 것 같아."

하지만 그가 나무껍질 조각이 있는 장소에 도달하자마자 사자를 그를 잡아서 다시 나무에 묶어 놓은 다음 때려서 죽였다.

이후에 사자는 자기 동굴에 돌아가 말했다.

"열려라, 바위."

바위가 옆으로 굴러 문이 열리자 안으로 들어간 다음 말했다.

"닫혀라, 바위."

그러자 문이 다시 닫혔다.

사람을 잡아먹은 괴물과 어린이

　옛날에 한 괴물이 살고 있었는데 그의 주식이 사람이었기 때문에 주민들이 매우 무서워하였다.
　한번은 수많은 사람과 소를 잡아먹었다. 사실 괴물이 너무 많이 잡아먹어서 부족 전체를 전멸시켰다고 생각하였다. 그런데 한 여인이 자신과 아이를 구덩이에 숨기는데 성공하여 괴물이 떠난 후 마을로 돌아가 남아 있는 음식을 모두 모았다.
　아이는 숨어 있던 구덩이에서 자라다가 나이가 들어 말을 알아듣게 되니 어머니가 괴물 이야기를 아이에게 해주었다. 한동안은 아이가 감히 은신처에서 나가지 않다가 얼마 후에 활과 화살을 만들고 산책을 나갔다. 아이는 작은 새를 화살로 맞춰 잡은 다음 구덩이로 가져가서 어머니에게 이것이 괴물이냐고 물었다. 아니라는 대답을 듣자 아이는 다시 밖으로 나가 다른 새를 맞춰 잡고 그다음에는 톰슨가젤을 잡았다.
　아이는 오랫동안 추적을 계속하였고 괴물을 죽이려는 희망으로 온갖 종류의 동물들을 쏘았다. 그러나 이들을 어머니에게 보여줄 때마다 성공적이지 못한 것을 깨닫게 되었다.
　어머니는 자기들이 부족의 유일한 생존자였기 때문에, 반복해서 아들에게 구덩이를 떠나지 말도록 간청하였으나 소년은 가능하기만 하다면 괴물을 죽이는 것으로 단단히 마음의 결정을 하고 있었다. 어느 날 소년은 많은 화살과 창을 구해서 나무 꼭대기로 가져갔다. 그리고 나서 어머니와 함께 나무로 올라가서 가지에 불을 피워 괴물의 주의를 끌고자 하였다.

연기를 보자 괴물이 몹시 놀랐다. 왜냐하면 자기가 나라의 주민들을 모두 잡아먹었다고 생각했기 때문이었다. 도끼를 몇 자루 준비한 후에 괴물이 현장으로 가서 아이와 엄마에게 나무에서 내려오라고 외쳤다. 이들이 자기의 명령에 따르지 않자, 괴물은 나무에 도끼질을 하기 시작했다. 소년이 화살로 두 번이나 괴물을 맞췄는데도 괴물은 벼룩이 물었나 정도로만 느꼈다. 그러나 화살이 계속해서 괴물을 맞추자 괴물은 나무 자르는 것을 포기할 수밖에 없었고 얼마 후에 쓰러져 죽음을 맞이하게 되었다.

임종이 가까웠음을 느끼자 괴물이 아이에게 말했다.

"내가 죽거든 내 새끼손가락을 잘라라. 그러면 소 떼들이 돌아올 것이다. 그리고 나서 내 엄지손가락을 잘라라. 그러면 사람들이 돌아올 것이다. 그런 다음 내 얼굴을 열면 한 사람이 나올 것이다."

이렇게 말을 한 다음 괴물이 죽자 소년이 나무에서 내려와 괴물의 손가락과 엄지손가락을 잘랐다. 손가락 밑동에서 괴물에 잡아 먹혔던 모든 사람과 소 떼가 나타났다. 얼굴을 잘라서 여니 한 사람이 나타났다.

사람들은 소 떼들과 함께 자신의 과거 움막으로 돌아가서 부족 회의를 열어 소년을 추장으로 선출했다.

얼마간의 시일이 지난 후 괴물의 얼굴에서 나온 남자가 추장에게 원래대로 괴물의 얼굴 속으로 되돌려 달라고 부탁했다. 다른 사람들이 남자와 논쟁을 하며 이제 괴물로부터 해방되었으니 현재 상태가 더 좋은 것이라고 주장하였으나 그들의 논거는 소용이 없었다. 이에 추장은 남자가 전혀 양보하지 않는 것을 알아차리고 이 사안을 더 생각해 보겠다고 한 달의 시간을 달라고 했다.

불만스러워하는 남자가 담배를 매우 좋아하는 것을 알고 추장은 담배 나무를 심고, 담배 나무가 성장하자 가서 지켜보았다. 예상대로 남자가 담배 나무를 보고 있다가 담배 이파리를 꺾었다. 추장이 남자를 불러서 이파리를 담배 나무에 원상대로 붙여 놓으라고 시켰다. 하지만 도둑은 이것을 할 수 없었고 마을로 이끌려 나와 회의가 열렸다.

회의에 출석한 사람들에게 사건을 설명한 다음에 도둑에게 다시 한번 담배 이파리를 원상대로 복구하도록 시켰다. 도둑이 요구한 대로 담배 이파리를 담배나무에 원상대로 붙여 놓을 수 없다고 말하자, 추장은 자기도 남자를 괴물의 얼굴에 다시 넣을 수 없노라고 대답했다.

모든 사람들이 추장의 논거의 현명함을 높이 평가하였고 모든 주민은 추장을 존경하고 서로 사랑하면서 내내 행복하게 살게 되었다.

도로보 형제

　도로보 형제가 같이 사냥을 나갔다가 많은 물소 떼를 만났다. 형은 자기가 물소 떼를 몰아올 테니 동생에게 숨어 있으라고 말했다. 물소 몰이가 제대로 되어 물소 떼가 동생 쪽으로 아주 가까이 지나가게 되자 동생이 물소 세 마리를 쏘아 잡을 수 있었다.
　이번에는 형이 자기가 숨어 있을 테니 동생에게 물소를 몰아오라고 시켰다. 물소들은 다시 그 장소로 지나갔다. 형이 활을 쏘았지만 물소를 맞추는데 실패했다. 이제 물소들은 너무 겁을 집어먹고 도망쳐 버렸다.
　잡은 물소 세 마리는 재빨리 가죽을 벗기고 고기는 마을로 운반하였다. 이 작업이 다 완료되자 형제는 다시 사냥하러 떠났다.
　숲에 도착하자 형이 자기가 길을 아니까 먼저 가겠다고 말했다. 이런 식으로 길을 가다가 목적지 근처에 도달하자, 형이 길 쪽으로 굽은 나무를 잡으며 동생에게 지나가라고 말했다. 동생은 혹시 형이 나무를 놓쳐서 눈이 찔릴까 걱정을 하였으나, 형이 그러지 않겠다고 보장을 해 지나가기로 했다. 하지만 동생의 우려는 근거 없는 것이 아니었다. 동생이 지나갈 때 형이 나무를 놓아버려 나무가 동생의 얼굴을 때리면서 눈알 하나가 빠져나왔다. 동생은 아무 말도 하지 않았으나 속으로 생각했다.

"형이 내 눈알을 뺀 이유를 알지. 내가 물소를 쏘았기 때문이야. 이것 때문에 형은 내가 다시 물소를 쏘아 잡는 것을 원하지 않아. 그러나 하느님이 내 복수를 해주실 거야."

형제가 물소들이 있던 장소에 도착하자, 형이 동생에게 말했다.

"이제 너는 앞을 못 보니, 네가 가서 물소들을 이쪽으로 몰고 오면 내가 쏠게."

동생은 형이 시킨 대로 물소 떼를 형이 숨어 있는 장소로 몰고 왔다. 물소 떼가 지나갈 때 형이 화살을 쏘았으나 맞추지 못하였다. 그러자 동생은 형이 물소 떼를 몰아오면 자기가 쏘아 맞추고 싶다는 희망을 표했다. 이 제안에 형이 웃으며 말했다.

"두 눈을 가진 내가 놓친 물소를 어떻게 한 눈밖에 없는 네가 맞추길 기대하니?"

그럼에도 불구하고 형은 물소 떼를 한 눈밖에 없는 동생 쪽으로 몰고 왔고 동생은 성공적으로 네 마리를 쏘아 잡았다.

형이 이에 매우 화가 나서 동생을 죽여서 잡을 고기를 모두 자기 자식들에게 가져가기로 결심하였다. 형은 가장 좋은 방도로 동생이 밤에 혼자 자고 있을 때 찾아가서 화살을 쏘는 것이라 생각했다. 그리하여 물소들의 가죽을 벗긴 후, 형이 말했다.

"고기가 이렇게 많으니 지금 고기를 나누는 게 좋겠다.

그리고 나서 각자 오두막을 짓자. 그렇지 않으며 내일 고기 가지고 다툴지도 모르니까."

형제는 고기를 똑같은 몫으로 나누고 각자의 오두막을 짓고 나서 오두막에서 누웠다. 하지만 동생은 형을 신뢰하지 않고 반칙을 의심하였다. 그리하여 잠자리에 드는 대신 물소 다리뼈를 가져와 자기 옷을 입히고 베어 둔 풀 위에 놓은 다음 자신은 맨바닥에 누웠다.

한밤중에 형이 몰래 오두막에 들어와 침대에 있는 물소 다리를 보고 동생이라 여겼다. 그는 앉아서 조심스럽게 겨냥한 다음 화살을 쏘아 물소 다리를 맞췄다.

동생은 이러는 내내 형을 지켜보고 있다가 혼자 생각했다.

"형이 물소 다리를 쏘았으니 진짜로 나를 죽이려는 의도가 있다는 것을 알게 되었다."

화살이 형의 활을 떠나 물소 다리를 맞추자마자 동생이 형을 쏘아 죽였다.

그리고 나서 고기를 모두 집어 들어 자기 집에 가져갔다.

도로보족 사람과 기린

　도로보족 사람이 사냥을 갔다가 기린이 작은 아카시아나무를 먹는 것을 보았다. 전에 다른 사람들이 이 기린을 잡으려고 몇 차례 시도하였다가 실패하였기 때문에 사냥꾼은 자기를 도와줄 사람을 구하는 것이 현명하다고 생각했다. 그래서 자기 친구를 불러왔다. 하지만 친구를 데리고 다시 와 보니 기린은 물을 마시러 가고 그 자리에 없었다. 그러자 두 사람은 사냥 계획을 생각해 냈다. 기린을 먼저 본 사람이 아카시아나무에 올라가 있다가 기린이 물을 먹고 돌아오면 등에 올라타서 목을 찌르기로 의견을 모았다. 그리고 친구는 근처에 숨어 있다가 도움이 필요하면 나서기로 하였다.
　첫째 사람이 친구의 칼을 받은 다음 아카시아나무에 올라갔다. 그가 한낮까지 거기에 머물러 기다리니 기린이 그늘을 찾아서 아카시아나무 아래로 다가왔다. 기린이 충분히 가까이 다가오자 사냥꾼이 나무에서 뛰어 내려 기린의 등에 타서 목을 꼭 붙잡았다. 동시에 르팜비토라고 부르는 친구에게 소리쳐서 기린을 쏘라고, 도망가지 못하게 하라고 소리쳤다. 기린은 깜짝 놀라서 전속력으로 내달렸고 르팜비토는 친구가 기린의 등에 탄, 이 광경이 너무 우스꽝스러워서 큰 웃음으로 함성을 질렀다. 심지어 그가 너무 웃다가 발작을 일으켜 쓰러졌다.

기린은 질주를 계속했고 도로보족 사냥꾼은 흥분하여 허리춤에 칼이 있다는 사실을 한참 달려간 후에야 깨달았다. 칼을 기억하자마자 사냥꾼은 칼을 꺼내서 기린의 목덜미를 찔러 죽였다.

곧바로 기린의 가죽을 일부 벗겨서 콩팥의 기름덩어리를 꺼내 들고 친구를 찾아 나섰다. 친구 르팜비토를 찾고는 염려한 대로 친구가 죽어 있는 것을 보고 깜짝 놀랐다. 사냥꾼은 불을 피우고 기름 덩어리를 구워 친구의 콧구멍에 가까이 대서 그를 다시 살리려고 시도하였다. 원하던 결과대로 르팜비토가 의식을 회복하고 소리쳤다.

"혼자서 끝내지 마."

둘은 죽은 기린의 가죽을 벗기러 가서 이 작업을 마치고 나서 고기를 약간 구워서 먹었다. 그리고 나서 기린을 죽인 사람이 친구에게 말했다.

"자네가 기린 잡는데 아무런 도움을 주지 않았기 때문에 고기는 조금도 줄 수가 없네."

이 말을 듣고 르팜비토가 자기 마을로 돌아갔다.

마을에 도착하여 르팜비토가 친구의 아내를 만나자, 그녀가 자기 남편을 보았느냐고 물었다. 그가 대답하기를.

"아니요. 그런데 소문에 그 친구가 기린을 잡았다네요. 또한 듣기로는 당신한테 매우 화가 나 있어서 돌아오면 당신을 때린다고 하네요."

아내는 남편의 화가 풀릴 때까지 친구들과 있는 것이 현명할 것이라고 확신하며 오두막을 떠났다. 그녀가 오두막을 떠나는 것을 보자마자 르팜비토가 오두막에 들어가서 친구가 고기를 가지고 오기를 기다렸다.

아침이 되자 기린을 죽인 친구가 첫 번째 고기 꾸러미를 가지고 마을에 도착하여 자기 움막 뒷벽의 구멍을 통해서 고기 꾸러미를 넣었다. 아내가 집에 있는 것을 확인하고자 아내를 부르자 르팜비토가 여성의 목소리처럼 목소리를 변조하여 대답했다. 고기가 안전하게 전달되었다는 것에 만족하며 친구는 두 번째 고기 꾸러미를 가져오기 위하여 기린을 죽인 장소로 다시 돌아갔다. 친구가 없는 사이에 르팜비토는 고기 꾸러미를 자기 움막으로 옮기고 다시 친구의 움막으로 돌아와 나머지 고기를 기다렸다. 몇 차례의 고기 꾸러미가 친구의 움막으로 들어오고 이후에 자기 움막으로 고기를 옮기기를 반복한 후에, 르팜비토는 남편이 때릴 거라며 겁을 주어서 도망가게 하였던 여인에게 가서 이제는 남편이 화가 풀렸으니 집에 가도 된다고 말해 주었다.

여인은 자기 집으로 돌아왔고 잠시 후에 남편이 마지막 고기 꾸러미를 들고 마을로 돌아왔다. 그는 아내를 불러 앉아서 쉴 의자와 코담배를 가져오라고 시켰다. 코담배를 마시며 휴식을 취한 후에 남편이 여인에게 가서 이웃들을 불러오라고 말했다.

이웃들이 도착하자 남편은 아내에게 고기가 준비되었는지 물었다. 아내는 이 말에 매우 난처해하며 무슨 고기를 말하는 거냐고 반문했다. 남편이 대답했다.

"내가 그동안 가져온 그 고기, 기린 통째로 한 마리 말이요."

남편의 어안이 벙벙하게, 여인은 고기를 본 적도 없다고 대답했다.

화가 잔뜩 나서 남자는 자리에서 일어나서 아내를 두둘겨 패자, 아내는 울면서 르팜비토가 했던 말을 전했다.

남편은 그때 자신의 이기심 때문에 기린을 통째로 잃어버렸다는 것을 알게 되었다.

소의 기원

처음부터 마사이족에게 소가 있었던 것은 아니다. 어느 날 신께서 최초의 마사이 사람인 마신타를 부르더니 그에게 말씀하셨다.

"나는 네가 큰 울타리를 만들기를 원하니, 울타리를 만들면 돌아와서 내게 알려달라."

마신타는 가서 시키는 대로 하고 돌아와서 자신이 한 일을 보고했다. 그러자 신께서 그에게 말씀하셨다:

"내일 이른 새벽에 내가 너에게 소라는 것을 줄 테니 너는 가서 집 바깥벽에 서 있으라. 그러나 무엇을 보거나 듣더라도 놀라지 마라. 아주 조용히 있어라."

다음날 이른 새벽, 마신타는 무엇을 주실지 기다리러 갔다. 곧 천둥소리가 들리고 신께서 긴 가죽끈을 하늘에서 땅으로 내려주셨다. 소들이 이 끈을 타고 울타리 안으로 내려왔다. 땅 표면이 너무 심하게 흔들려 그의 집이 거의 무너질 뻔했다. 마신타는 두려움에 사로잡혔지만, 꼼짝도 하지 않고 소리도 내지 않았다. 소들이 여전히 내려오는 동안 마신타와 한집에 살고 있었던 도로보가 잠에서 깨어났다. 그는 밖으로 나와 수많은 소들이 줄을 타고 내려오는 광경을 보고 너무 놀라서 "아이예예예!"라고 엄청난 충격의 감탄사를 외쳤다. 이 말을 들은 신이 내려주던 끈을 다시 잡아당기자 소들이 내려오는 것을 멈췄다. 그리고 나서 신이 소리를 지른 사람이 마신타라고 생각하며, 그에게 이렇게 말했다.

"이 소들로 충분한가? 다시는 너에게 이런 일을 하지 않을 것이니 내가 너를 사랑하는 것처럼 이 소들을 사랑하는 것이 좋을 것이다."

이런 이유로 마사이족은 소를 매우 사랑한다.

도로보에게는 어떤 일이 일어났을까? 마신타는 신으로 하여금 끈을 자르게 한 도로보에게 매우 화를 냈다. 마신타는 도로보에게 이렇게 저주했다.

"도로보, 네가 신의 끈을 자른 놈이냐? 너는 항상 그랬던 것처럼 가난하게 살기를 바란다. 너와 네 자손은 영원히 내 종으로 남을 것이다. 너는 야생에서 짐승을 잡아먹으며 살게 될 것이다. 내 소의 젖을 맛보면 독이 되길 바란다."

이런 이유로 지금까지도 도로보족은 숲에서 살면서도 우유를 먹지 않고 있다.

죽음의 기원

태초에는 죽음이 없었다. 이 이야기는 죽음이 세상에 어떻게 들어왔는지에 대한 이야기이다.

나이테루콥은 리이오라는 사람을 지구에 최초로 데리고 왔다. 나이테루콥은 리이오를 불러 이렇게 말했다.
"사람이 죽어서 시체를 처리할 때 '사람은 죽으면 다시 돌아오고, 달은 죽으면 멀리 떨어져 있는다'라고 말하는 것을 잊지 말아야 한다."

오랫동안 사람이 죽지 않았다. 마침내 이웃집 아이가 죽었을 때 리이오는 시신을 처리하기 위해 소환되었다. 그는 시신을 밖으로 가져가면서 실수로 이렇게 말했다:
"달은 죽으면 다시 돌아오고, 사람은 죽으면 멀리 떨어져 있는다."

이런 이유로 그 이후에 죽은 사람은 아무도 다시 돌아오지 않게 되었다.

몇 달이 더 지나서 리이오의 아이가 실종되었다. 그래서 아버지 리이오는 시체를 찾아 밖으로 데리고 나가서 말했다.
"달은 죽으면 멀리 떨어져 있고, 사람은 죽으면 다시 돌아온다."

이 말을 들은 나이테루콥이 리이오에게 말했다.
"너의 실수 때문에 이웃집 아이가 죽은 날 죽음이 태어났다. 이제 너무 늦었다."

그렇게 해서 죽음이 생겨났고, 오늘날까지 사람이 죽으면 다시 돌아오지 않지만, 달이 죽으면 반드시 다시 돌아온다고 한다.

참고 사항

1. 나이테루콥은 어원적으로는 '세상을 시작한 자'를 의미한다.
2. 마사이족은 죽은 사람을 '죽은' 사람이라고 부르지 않는다. 어린이가 죽었을 경우 '실종'(에탈라키)이라고 말한다. 성인의 경우 '잠을 잤다'고 말한다.

태양과 달

태초에 태양은 달과 결혼했다. 그들은 오랫동안 함께 여행하며 태양이 앞서고 달이 뒤따랐다. 여행하는 동안 달은 자주 지쳐서 매달 3일 동안 태양이 달을 업고 다녔다.

넷째 날에는 당나귀가 달을 볼 수 있었다고 한다. 사람들은 다섯째 날이 되어서야 달을 볼 수 있었다.

어느 날 달이 실수를 해서 여자가 남편에게 매를 맞는 것과 같은 방식으로 태양에게 매를 맞았다. 하지만 우연히도 달은 남편에 대항해 싸우는 성질이 괄괄한 여자였다. 맞았을 때 그녀는 반격하여 태양의 이마에 상처를 입혔다. 이에 태양도 질세라 달을 때려서 얼굴을 긁고 눈 하나를 뽑아 버렸다.

태양은 자신이 얻어맞고 상처를 입었다는 사실을 깨닫고 매우 부끄러워하며 "사람들이 나를 쳐다볼 수 없을 정도로 세게 빛을 내야겠다"라고 스스로에게 말했다. 이러한 결과로 태양이 매우 세게 빛을 내서 사람들은 눈을 가늘게 뜨지 않고는 그를 볼 수 없게 되었다. 이것이 태양이 매우 밝게 빛을 내는 이유이다.

달에 관해서 말하자면, 그녀는 부끄러움을 느끼지 않았기 때문에 더 밝게 빛을 낼 필요가 없었다. 그리하여 지금도 달을 자세히 보면 태양이 싸우는 동안 그녀에게 입힌 상처를 볼 수 있다.

사람들이 땅을 파야 하는 이유

우리의 고조 할머니들이 태어나기 훨씬 전, 사람들은 땅을 파는 일을 하지 않았다. 그들은 괭이를 들에 가져가서 그곳에 두었다가 저녁에 돌아와 보면 농원에 땅을 파는 일이 진행된 것을 발견하곤 하였다. 그들은 괭이를 집으로 가져갔다가 다음날 아침에 다시 들로 가져가곤 했다.

분요레의 한 마을에 젊은 신부와 결혼한 남자가 있었다. 보통 여자가 결혼한 후에 좋은 아내로 인정받기 위해서는 열심히 일해야 했다. 그래서 냐코와라는 이름의 이 여인은 아침에 일어나서 하루 일과를 시작했다.

어린 신부가 해야 할 일은 꽤나 많았는데, 커다란 물 항아리를 들고 강가로 가서 혼자서 머리 위로 들어올려야 했기 때문이다. 다음으로 신부는 아주 짧은 시간에 많은 양의 기장을 갈아야 했다. 냐코와는 남편과 결혼하기 훨씬 전부터 부지런함으로 명성이 높았기 때문에 큰 어려움 없이 이 일을 해냈다.

대부분의 작업이 끝나자 그녀는 괭이를 가지고 농원에 가야 했다. 농원을 향해 걸어가면서 그녀는 혼자 생각했다. "내가 가서 땅을 파기 시작하면 괭이가 스스로 하는 것보다 더 넓은 면적을 파낼 수 있지 않을까? 그럼 새로운 마을에서 많은 사람들의 존경을 받을 수 있지 않을까?"

이와 같은 많은 질문이 머릿속을 스쳐 지나갔고, 그녀는

신화와 전설 · 91

설렘으로 가득 찼다.

농원에 도착했을 즈음 그녀는 이미 무엇을 해야 할지 마음의 결정을 내렸다. 냐코와는 망설임 없이 괭이를 들고 아주 힘차게 땅을 파기 시작했다. 그녀는 자신을 보는 모든 사람으로부터 칭찬을 기대했다. 하지만 그녀는 자신의 경솔한 행동이 재앙을 불러일으킬 줄은 전혀 깨닫지 못했다.

사실, 그녀는 처음부터 모든 일을 즐겼고 이에 매우 자부심을 가지고 있었다. 그녀는 자신의 행동이 매우 영웅적인 것으로 생각했지만, 조상들은 실망하였다. 그들은 냐코와 신 와레 냐사예의 친절한 제안에 감사하지 않았기 때문에 인간 전체가 고마움을 모르고 있다고 생각했다. 그래서 조상들은 와레 냐사예를 부추겨서 사람들에게 자비를 베푸는 행위를 끝내도록 했다. 그들은 자신들이 살기 훨씬 전부터 내려온 이 오래된 전통을 이 젊은 신부가 어기고 있다는 사실을 알고 격분해 있었다.

시간이 지남에 따라 냐코와는 과중한 업무에 지치기 시작했다. 해가 서쪽으로 기울고 있었기 때문에 그녀는 마을로 돌아갈 때가 되었다고 생각했다. 괭이 혼자 하는 것보다 어쨌든 더 많은 일을 해내지 않았냐고 그녀는 스스로에게 말하며, 사람들이 자신이 한 일을 보러 오면 칭찬을 받을 것이라고 확신했다.

하지만 모든 사람을 기쁘게 하려다 보니 아무도 만족시키지 못했다. 그녀는 자신이 한 일을 설명했지만 가족은 물론이고 나중에 마을 전체에서 야단을 맞았다. 그녀는 당황한 나머지 땅이 열리면서 자신을 삼켜버렸으면 좋겠다고 생각할 정도였다. 그리고 사람들이 두려워했던 것은 다음 날 나타났다. 괭이를 평소와 같이 농원에 가져갔지만 괭이는 더 이상 스스로 땅을 파지 않았다. 괭이를 두고 간 사람들은 저녁에 괭이를 주우러 갔지만, 괭이를 두고 간 곳에는 그대로 있는 괭이만 발견할 뿐이었다.

이로 인해 이제부터 사람들은 괭이를 들고 직접 땅을 파야 했다. 그래서 아무리 힘들어도 이제 사람들은 스스로 땅을 파야 했다. 저녁이 되자 사람들은 분노에 휩싸여 젊은 신부의 집으로 달려갔다. 그들은 너무 격분하여 그녀를 친정으로 돌려보내라고 요구했다. 그래서 신부는 심각한 일이 일어나기 전에 친정 사람들에게 돌아가라는 명령을 받았다. 그녀는 즉시 도망쳤다. 하지만 그렇다고 해서 상황이 바뀌지는 않았다. 사람들은 전통을 어겼기 때문에 계속 땅을 파야 했다. 그들은 매일 아침 일찍 일어나 뜨거운 햇볕 아래 땅을 파러 나가야 했다. 점심시간에만 쉬고 저녁까지 계속 땅을 파야 했다.

그래서 사람들은 그들의 고통을 떠올리면 땅을 파던 신부를 떠올리고, 어리석고 무지한 행동이었다고 신부를 비난했다. 그래서 분요르에서는 구혼자가 여자와 결혼하고 싶으면 먼저 가서 그녀를 감시하여 그녀가 얼마나 땅을 많이 파낼 수 있는지 확인한다.

여성들의 소

오래전에는 야생 동물들은 여성들의 소였다. 그러던 어느 날 아침, 소들을 방목하러 내보내기 전에 한 암소를 도살하였다.

곧 소들은 스스로 풀을 뜯으러 떠나기 시작했고 무리에서 이탈하기 시작했다. 한 여인이 아이 중 한 명에게 소들이 너무 멀리 가기 전에 가서 소들을 다시 몰고 오라고 시켰다. 이 말을 들은 아이의 어머니가 말했다.

"안 돼요, 우리 아이는 신장을 다 먹기 전에는 못 가요."

그 후로 아이들에게 소를 잡아 오라고 시킬 때마다 아이의 어머니는 고기를 한 입 먹기 전까지는 가지 못하게 했다. 이것은 모든 소, 양, 염소가 대열을 이탈하여 수풀 속으로 들어가 길을 잃을 때까지 계속되었다. 모든 아이들이 고기를 다 먹은 후 가축들을 다시 데려오려고 했지만, 가축들이 모두 야생으로 돌아갔다는 것을 알게 되었다. 여성들이 소를 잃어버렸다는 말이 그렇게 생겨났다. 그 후 여성들은 소를 잘 돌보던 남자들과 함께 살게 되었다. 그래서 오늘날까지 모든 소는 남성의 소유이고 여성은 남성이 자신들을 부양하기를 기다릴 수밖에 없게 된 이유이다.

얼룩말에 줄무늬가 있는 이유

사람들이 개가 아닌 다른 동물을 길들이기 시작하기 오래전, 당나귀도 길들일 수 있다는 소문이 있었다. 이 소문은 사냥을 하러 숲으로 갔던 한 남자가 전한 이야기이다. 사냥한 동물을 죽인 후 그는 혼자서 옮기기에는 너무 무겁다는 것을 알게 되었다. 그래서 그는 사냥감을 옮길 수 있는 방법을 찾기로 작정하였다. 그러던 중 당나귀 한 마리가 근처 덤불을 지나가는 것을 보았다.

갑자기 아이디어가 머릿속에 떠올랐다. 먹이를 가져다가 당나귀 등에 태우면 짐을 옮기는 데 도움이 될 거라고 생각했다. 그래서 그는 당나귀를 쫓아갔다. 당나귀는 그를 공격하거나 도망가지 않았기 때문에 그는 쉽게 짐을 등에 실을 수 있었다.

그는 당나귀가 자신의 숙소에 도착할 때까지 길을 이끌었다. 당나귀에서 짐을 내려준 후 그는 당나귀에게 음식을 주었고 당나귀는 감사히 먹었다. 이때부터 이 사람은 당나귀를 키웠다.

누군가가 당나귀를 길들였다는 이야기가 돌았다. 곧 이 당나귀는 마을과 주변 지역에서 열심히 일하는 것으로 유명해졌다. 사람들은 호기심을 충족시키고 싶어 다른 당나귀들을 사냥하고 무거운 짐을 나르는 데 당나귀를 이용하기 시작했다.

당나귀들은 이때까지 무슨 일이 일어나고 있는지 몰랐다. 당나귀들은 대부분의 친구들이 끌려간 후에야 비로소 깨닫게 되었다. 그들은 덤불 깊숙이 숨기 시작했다. 하지만 모든 것이 소용이 없었다. 사람들은 당나귀가 매우 유용한 동물이라는 것을 깨달았다. 그래서 사람들은 당나귀를 찾을 수 있는 곳이라면 어디든 가서 당나귀를 사냥하기 위해 특별한 노력을 기울였다.

이 문제는 당나귀들을 몹시 걱정스럽게 만들었다. 많은 당나귀들이 포획되었기 때문이었다. 당나귀들이 들은 소문은 끔찍했다. 포획된 당나귀들에게 일을 엄청나게 많이 시키고 먹이는 겨우 버틸 수 있을 만큼만 준다는 소문이었다.

정말 무서운 일이었다. 나머지 당나귀들은 불행한 친구들처럼 상황의 희생양이 되지 않기 위해 빨리 행동하기로 결정하였다. 그래서 그들은 즉석 회의를 개최하였다. 여기서 당나귀들은 이 문제에 대해 어떻게 해야 할지 논의했다. 한 당나귀가 토끼가 교활하고 영리한 것으로 알려져 있으니 토끼에게 도움을 요청하는 게 어떠냐고 제안했다. 모두 토끼에게 조언을 구해야 한다는 데 동의했다.

다음 날 아침 당나귀 대표가 토끼를 만나러 가니 토끼는 기꺼이 도와주겠다고 하였다. 토끼는 대표에게 모든 친구들에게 다음 날 아침 일찍 자신의 집으로 오라고 요청했다. 친구들은 이 말을 듣고 다음 날 도착했을 때 흰 도료가 담긴 커다란 깡통을 가지고 행동할 준비가 되어 있는 토끼를 발견하였다.

  당나귀들은 생각이 빠르지 않았기 때문에 흰 도료가 어떻게 자신들의 문제와 관련이 있는지 궁금해했다. 토끼는 설명하려고 했지만, 당나귀들은 다소 완고했다. 아무도 먼저 실험 대상이 되겠다고 나서지 않았다. 마침내 당나귀 한 마리가 자원하여 앞으로 나섰다. 토끼는 곧바로 작업에 착수했다. 당나귀의 피부에 흰색 줄무늬를 칠하기 시작했다. 곧 당나귀는 평범한 검은색이나 회색이 아닌 흑백 줄무늬를 갖게 되었다.

  첫 번째 당나귀가 칠해지자 다른 당나귀들은 그를 보고 감탄했다. 다른 당나귀들도 모두 친구처럼 되고 싶다고 생각하기 시작했다. 그다음 순간은 누가 먼저 페인트를 칠할지 다투는 아수라장이 되었다. 조심해야 한다는 토끼의 경고는 전혀 들리지 않았다. 그래서 몸싸움과 실랑이가 계속되었다.

  여러 마리의 당나귀에게 페인트를 칠한 후, 당나귀 한 마리가 아주 세게 앞으로 미는 바람에 페인트가 담긴 양동이를 밟고 말았다. 양동이 전체가 뒤집혀 페인트가 모두 쏟아졌다. 그렇게 모든 것이 끝났다. 남은 당나귀들은 불행히도 속수무책이었다. 토끼는 당나귀들에게 잘못이 있으니 더 이상 도와줄 수 없다고 말했다. 그래서 세게 밀었던 당나귀는 이 나쁜 행동에 대해 저주를 받았지만, 흘린 물감을 되돌릴 수 없기 때문에 그들의 개선을 위해 아무것도 할 수 없었다.

이에 따라 페인트칠을 한 당나귀들은 사람들의 손길로부터 안전하게 피할 수 있었다. 운이 좋았던 당나귀들은 당나귀에서 얼룩말로 이름을 바꿨다. 이 이름은 그 후 사람들에게 잡혀서 노예로 끌려간 불운한 당나귀들과는 차별화되었다. 당나귀는 운이 좋지 않았기 때문에 계속해서 당나귀로 알려져 있다.

칼리상가와 칼리테요

두 아내와 결혼한 남자가 있었다. 두 아내 각각 딸을 하나씩 낳았다. 첫 번째 아내는 딸을 칼리상가라고 불렀고, 두 번째 아내는 칼리테요라고 불렀다. 이 이복 자매는 거의 동시에 태어났다. 그들은 함께 자랐고 서로를 매우 좋아했다. 이 둘 중 칼리상가가 더 예뻤다.

10년이 지난 후 칼리상가의 어머니는 돌아가셨고, 딸은 계모의 보살핌을 받게 되었다. 두 소녀는 성숙해지면서 서로를 더욱 좋아하게 되었다. 장작을 구하러 갈 때도 함께 가고, 개울에서 물을 길러 올 때도 항상 함께 가고, 목욕을 하러 갈 때도 함께 가고, 곡식을 빻을 때도 함께 했다. 사실, 그들은 심지어 남자 친구도 공유했다!

그러나 두 자매의 서로에 대한 큰 사랑에도 불구하고 어머니는 칼리상가를 미워했고 그녀를 망가뜨릴 방법을 찾기 위해 노력했다.

어느 날 어머니는 두 자매를 분리시키려는 의도로 두 자매에게 동시에 다른 일을 맡겼다. 칼리상가에 대한 그녀의 계획을 수행하기 위해서였다. 칼리테요는 개울에서 물을 길어오고 칼리상가는 집에 남아 곡식을 갈라고 시켰다. 습관처럼 소녀들은 어머니에게 이 두 가지 일을 함께 할 수 있게 해달라고 간청했지만 어머니는 자신이 시키는 대로 하라고 요구했다. 딸들은 어머니를 존중하는 마음으로 어머니가 시키는 대로 순종했다.

칼리테요가 물 항아리를 들고 개울로 떠날 때 어머니는 곡식을 갈고 있던 칼리상가를 집안으로 불러 큰 드럼통에 넣었다. 그런 다음 드럼통을 운반하여 근처 호수에 던져 넣었다. 그녀는 서둘러 집으로 돌아와 아무 일도 없었던 것처럼 침착한 모습을 보이려고 애를 썼다.

개울에서 돌아온 칼리테요는 사랑하는 여동생이 실종된 것을 발견하고 어머니에게 칼리상가가 어디로 갔는지 말해 달라고 부탁했다. 어머니는 자신도 전혀 모른다고 대답했다. 즉시 칼리테요는 불안하고 초조해졌다. 그녀는 할머니 집에 갔지만 동생을 찾지 못했다. 거기서부터 그녀는 여러 친척집에 가 보았지만 칼리상가를 찾지 못했다. 집으로 돌아가는 길에 남자 친구의 집을 확인했지만 칼리상가는 그곳에 없었다는 말을 들었다. 칼리테요는 집으로 돌아와서 어떻게 생각해야 할지 몰랐다. 다시 한번 칼리상가가 집을 비운 사이에 나타났는지 물었지만, 아버지 역시 사방팔방 칼리상가를 찾았지만 아직 보지 못했다는 대답을 들었다. 칼리테요는 매우 상심하고 괴로워하며 식사도 거부했다. 그녀는 자신의 동반자이자 함께 일했던 사랑하는 여동생을 잃은 것을 애도하기 시작했다.

어느 날 그녀는 집을 떠나 호숫가로 갔다. 그녀는 다음과 같이 노래하기 시작했다.

오 칼리상가, 오 칼리상가
내 어머니의 아이, 칼리상가
누구와 함께 곡식을 갈 것인가?
누구와 함께 걸을 것인가?
누구와 함께 장작을 모을 것인가?
내 어머니의 아이, 칼리상가.

칼리테요는 한동안 이 애도하는 노래를 불렀다. 잠시 멈췄을 때 그녀는 호수 방향에서 노래하는 아픈 사람의 목소리처럼 들리는 노래를 들었다. 그녀는 가만히 귀를 기울여 그 목소리가 다음과 같이 노래하는 것을 들었다.

오 칼리테요, 오 칼리테요
내 어머니의 아이, 칼리테요
당신의 어머니와 함께 당신은 곡식을 갈 것입니다
어머니와 함께 걸을 것입니다, 칼리테요
내 어머니의 아이, 칼리테요.

자기의 노래에 대한 대답으로 들려 오는 노래는 칼리테요를 매우 혼란스럽게 만들었다. 그녀는 자신의 노래를 다시 반복했다.

그녀가 노래를 마치고 다시 조용히 있을 때, 그녀는 그녀에게 대답하는 목소리를 들었다. 칼리테요는 그 목소리가 동생의 목소리라고 확신하고 집으로 달려가 아버지를 불렀다. 친척들과 이웃들이 호숫가로 함께 동행했다. 다시 칼리테요는 이전처럼 노래를 부르기 시작했고 칼리상가 역시 이전보다 더 희미한 목소리로 대답했는데, 굶주림으로 인해 죽음이 임박했음을 보여주었다. 그들의 남자 친구도 노래를 불렀고 칼리상가가 담겨진 드럼통은 해안 가까이 떠올랐고 물 밖으로 옮겨졌다. 드럼통을 열고 칼리상가를 꺼냈습니다. 그녀의 반쪽은 거의 썩은 상태였다. 칼리테요는 죽을 정도로 쇠약해진 여동생을 보고 집으로 달려가 신 우유와 죽을 가져와 칼리상가가 마실 수 있도록 도와주었다.

그리하여 두 소녀는 집으로 돌아가지 않고 남자 친구를 따라 그의 집으로 가서 결혼을 했다. 칼리테요는 남편과 함께 칼리상가가 나을 때까지 정성껏 간호했다. 그때부터 그들은 완벽한 사랑으로 함께 살았다.

신의 나라로 간 전사

옛날 옛적에 한 무리의 전사들이 소 떼를 습격하러 떠났다. 가는 도중에 한 전사의 샌들 하나가 망가져 앉아서 수선해야 했다. 수선하면서 그는 다른 전사들에게 말했다.
"동지들, 기다려 주게."
그러자 동지들이 말했다.
"마지막에 오는 사람이 기다리도록 하지."
그는 다른 전사들에게도 똑같이 말했고, 그들도 그에게 같은 말을 반복했다.
"마지막에 오는 사람이 기다리도록 하지."
마지막 전사가 올 때까지 이런 일이 계속되었다.
"동지, 기다려 주게."
샌들이 망가진 전사가 말했다.
마지막 전사가 다른 전사들을 따라잡기 위해 서둘러 가면서 말했다.
"내가 갈림길에 도착하면 우리가 갈 길에 나뭇가지를 놓아둘 테니 그 길을 따라 우리를 따라잡으면 되네."
혼자 남은 전사는 그의 말에 동의하며 계속 샌들을 수선했다.
마지막 전사는 계속 가다가 갈림길에 이르자 나뭇가지를 잘라 앞에 간 전사들이 지나간 길에 놓았다. 전사들이 계속 진행할 때 강한 바람이 불어 잘라 둔 나뭇가지가 다른 길로 날아가 버렸다. 샌들이 망가진 전사가 샌들을 수선하여 신고 그 자리에 도착했을 때, 그는 나뭇가지를 발견하고 친구들을 따라잡기 위해 서둘러 나뭇가지가 놓인 길을 따라갔다.

길을 가던 중 그는 달이 풀을 뜯어 먹고 있는 것을 발견했다. 그는 걸음을 멈추고 달을 바라보았다. 달이 그에게 물었다.

"이봐, 전사야, 너는 어디서 왔으며 이 지역에서 어디로 가는가?"

전사가 대답했다.

"저는 고향에서 왔고 소 떼를 습격하러 가는 중인데 다른 전사들이 망가진 샌들을 고치는 동안 저를 두고 떠났습니다."

달은 그에게 추가로 질문했다.

"나를 보면서 내가 어떻게 생긴 것 같은가?"

전사가 대답했습니다.

"오, 당신은 저에게 아주 좋아 보입니다."

달이 전사에게 추가로 말했다.

"너는 길을 가다가 누구를 만나면 어떻게 생겼는지 말하지 말고, 그냥 괜찮아 보인다고만 해라. 아무것도 가져가지 말고, 좋은 것과 나쁜 것 중 하나를 선택해야 하면 나쁜 것을 선택하거라."

이 지시를 받아들인 전사는 여행을 계속했다. 곧 그는 물이 흐르는 강을 만났다. 강을 건너려는 순간 강이 그에게 말했다.

"이봐, 전사야, 나를 건너기 전에 강물을 한 잔 마셔라."

전사가 대답했다.

"저를 먼저 건너게 해주시면 반대편 강둑에서 마시겠습니다."

그는 강을 건넌 후 물을 마시지 않고 계속 나아갔다.

다음에는 우유가 흐르는 강을 만났고, 강에 발을 담그려고 하자 강이 반대편으로 건너기 전에 우유를 마시라고 요청했다. 전사는 첫 번째 강에게 말했던 것과 같은 방식으로 두 번째 강에게 말하고 강을 건너서 계속 나아갔다.

다음에 피의 강을 만났을 때도 같은 일이 일어났다. 그는 세 개의 강 모두에서 요청받을 것을 마시지 않고 모두 건넜다.

전사는 여정을 계속하던 중 스스로 칼을 갈고 있는 두 개의 검을 만났다. 그들은 전사에게 말했다.

"이봐요, 전사, 우리를 갈아주면 둘 중 더 날카로운 칼을 가져가게 해줄게요."

전사가 그들에게 말했다.

"조금만 더 걷고 와서 칼을 갈아 주겠소."

그는 그들을 지나쳐 계속 걸어갔다. 그 다음 그는 저절로 튀겨지고 있는 맛있어 보이는 고기 조각을 마주하게 되었다. 고기가 그에게 말했다.

"이봐, 전사, 우리를 저어 주면 익힌 고기를 먹게 해줄게."

전사는 이전과 마찬가지로 다시 고기를 속여 자리를 떠났다.

그러던 중 전사는 서로 싸우고 있는 도끼 두 개를 발견했다. 그들은 그에게 말했다.

"이봐요, 전사, 우리를 갈라놓으세요. 그러면 우리 중 한 명을 어머니께 데려가서 나무를 쪼개는데 사용하세요."

전사가 말했다.

"조금만 기다리세요. 제가 곧 갈게요."

그는 여행을 계속했다. 전사는 여행을 계속하면서 무언가를 마주할 때마다 이와 같이 속임수를 써서 아무것도 하지 않고 떠났다. 그는 모든 것으로부터 떠났다.

마침내 그는 신의 가축을 치는 한 남자를 만났다. 이 사람은 머리가 두 개였고 모든 소는 꼬리가 두 개였다. 인사를 나눈 후 노인이 전사에게 물었다.

"이봐, 내가 어떻게 생겼나?"

"아, 다른 사람들과 똑같이 생겼군요."라고 전사가 대답했다.

"그럼 이 소들은 어떻게 생겼나?"라고 노인이 전사에게 다시 물었다.

전사가 대답했다.

"다른 소들과 똑같습니다."

그러자 노인은 젊은이에게 길을 알려 주었고 둘은 헤어졌다.

전사는 계속 나아갔다. 그가 신의 농장에 막 도착하려고 할 때 농장이 더 멀어져 갔다. 그는 인내심을 가지고 계속 걸어서 농장 내의 집에 다다랐다. 그가 집에 막 들어가려고 할 때 그 집도 다시 멀어졌다. 그는 집 근처에 다다를 때까지 계속 걸어서 집 안으로 들어갔다. 그가 앉으려고 하자 의자도 그에게서 멀어졌지만 그는 의자를 따라가서 앉을 수 있었다. 그리고 그 집에는 신의 여인이 있었다. 인사를 나누고 소식을 주고받은 후 여인이 전사에게 물었다.

"신선한 우유를 드릴까요, 묵은 우유를 드릴까요?"

전사가 대답했다.

"묵은 우유가 많은데 신선한 우유가 무슨 소용이 있습니까!"

그는 신선한 우유를 받았다. 나중에 잠자리에 들기 직전에 여인이 다시 전사에게 물었다.

"묵은 우유를 드릴까요, 신선한 우유를 드릴까요?"

전사는 신선한 우유를 원한다고 말했다. 그리고 그는 묵은 우유를 받았다. 사람들이 잠자리에 들 시간이 되자 여인은 전사에게 먼지가 제거된 침대를 원하느냐, 아니면 그렇지 않은 침대를 원하느냐고 물었다. 전사는 후자를 선택했고 전자를 제공받은 후 잠자리에 가서 곧 깊게 잠들었다.

새벽이 밝아오자 여인은 전사를 깨우러 가서 그에게 말했다.

"안에 머물러 있다가 천둥소리가 들리면 아무 소리도 내지 말고 밖으로 나오지도 마시오."

전사는 시키는 대로 했다. 몇 분 후 천둥소리가 들리더니 집이 진동했다. 전사는 가만히 있다가 여인이 그를 밖으로 부를 때 나와 큰 소 떼와 함께 양, 염소, 당나귀를 발견했다. 여인이 그에게 말했다.

"이 모든 것은 당신의 재산이니 평화롭게 데리고 가십시오."

전사는 소 떼를 데리고 전에 갔던 길과는 다른 길을 택해 고향으로 돌아갔다.

마을에 가까워질 무렵 저 멀리 먼지구름이 보였다. 한참을 기다리던 다른 전사들은 망가진 샌달을 수선하고 있던 동료를 오래전에 포기하고 있었다. 그들은 그가 맹수에게 잡아먹혔다고 생각했다. 그의 가족도 애도 기간을 끝내고 정상적인 생활을 하고 있었다. 그때 전사가 거대한 무리의 가축을 이끌고 도착했다. 어떻게 소를 얻었느냐는 질문에 그는 신의 나라에서 겪었던 모든 경험을 이야기했다. 그의 동료들은 빈손으로 돌아온 상태였다.

한편 전사의 동생은 운 좋은 형의 이야기를 듣고 신의 나라로 가서 자기도 소를 얻기로 결심했다. 그러자 그의 형은 다음과 같이 말하며 그를 말렸다.

"너는 내가 한 일을 할 수 없으니 가지 말아라."

그러나 그는 고집을 꺾지 않았다. 그는 "저는 가야겠어요."라고 말했다.

전사의 동생은 계속 길을 가다가 풀을 뜯고 있는 달을 만나게 되었다. 달은 형에게 말했던 것과 같은 방식으로 그에게 말하며 물었다.

"나에 대해 어떻게 생각하느냐?"

"나는 당신과 같은 것을 본 적이 없습니다!"

동생이 놀라서 대답했다.

달은 그에게 길을 알려주었고 그는 형과 같은 길로 나아갔다.

강에 이르렀을 때 강은 그에게 건너기 전에 강물을 마시라고 요청했다. 그는 건너기 전에 무릎을 꿇고 배가 가득 찰 때까지 강물을 마셨다. 그는 또한 우유의 강과 피의 강에서도 우유와 피를 마시고 나서 모두 건넜다. 그 다음에는 칼을 갈고 있는 칼들을 만났다. 칼들이 그에게 칼을 갈아서 더 날카로운 것을 가져가라고 하자, 그는 더 날카로운 것을 가지고 떠났다. 다음에 그는 스스로 튀기고 있는 고기를 발견했다. 그는 앉아서 고기를 익혀서 익힌 고기를 먹었다. 싸우고 있는 도끼를 발견하자, 그는 도끼를 분리하여 부탁 받은 대로 하나를 가져갔다. 그는 자기 형이 하지 않은 모든 일을 하게 된 것이었다.

그 다음에는 꼬리가 둘 달린 소에게 풀을 뜯기고 있는 머리 둘 달린 남자를 만났다. 두 사람은 잠시 이야기를 나누다가 노인이 형에게 했던 것과 같은 질문을 던졌다.

"내가 어떻게 생겼지?"

전사는 대담하게 대답했다.

"당신은 머리가 두 개로군요."

노인이 계속 물었다.

"그럼 이 소들은 어떻게 생겼나?"

전사가 덧붙였다.

"그들은 각각 두 개의 꼬리를 가지고 있습니다."

그럼에도 불구하고 노인은 전사를 신의 마을로 안내하고 소를 돌보기 위해 돌아갔다.

그는 계속 걸어갔다. 그가 문을 통과하기 직전에 마을이 더 멀어졌다. 그는 몽둥이를 휘둘러 마을을 향해 던졌고, 멀어지던 마을이 멈췄다. 그가 집 안으로 들어가려고 할 때 집이 움직였다. 그가 몽둥이로 때리자 집이 멈췄다. 의자에 앉으려 할 때 의자가 움직이니 몽둥이를 들고 의자를 쳐서 두 동강 낸 다음 바닥에 앉았다. 여인이 그에게 신선한 우유와 묵은 우유 중 하나를 고르라고 하자 그는 이렇게 말했다.

"신선한 우유가 있는데 왜 묵은 우유를 선택해야 합니까!"

그는 묵은 우유를 받았다. 잠자리에 들 때 그는 신선한 우유를 원하지 않고 묵은 우유를 원한다고 말했다. 그는 신선한 우유를 받았다. 그는 깨끗하고 좋은 침대를 선택했고 재가 묻은 침대를 받았다. 그는 좋은 것을 선호한다고 말했을 때 모든 나쁜 것을 받았다.

다음 날 아침 아주 이른 시간에 여인이 와서 천둥소리가 나면 아무 소리도 내지 말고 집 밖으로 나오지 말고 가만히 있으라고 그에게 지시했다. 그러나 그는 천둥소리를 듣자마자 벌떡 일어나 밖으로 나가서 무엇이 소리를 내는지 확인하고자 했다. 여인은 다시 한번 그에게 집안으로 들어갈 것을 요청했다. 그러나 그는 다시 한번 천둥소리를 듣자마자 밖으로 달려 나갔다. 그는 이것을 계속해서 반복했고 결국 그 여인은 그에게 말했다.

"떠나시오, 당신은 재산을 가질 자격이 없습니다."

그는 빈손으로 고향에 돌아갔다. 도끼, 검 및 기타 무기만 가진 채로.

신들의 이야기

검은 신과 붉은 신이 존재했다. 검은 신은 선한 신이었고, 붉은 신은 사악한 신이었다. 이 두 신은 하늘 위에서 함께 살았지만, 검은 신은 붉은 신 아래에 살았기 때문에 지상의 사람들과 더 가까웠다.

어느 날 검은 신이 붉은 신에게 말했다.

"기아로 사람들이 죽어가니 사람들에게 물을 줍시다."

붉은 신이 동의하여 검은 신에게 물을 틀라고 말했다. 그가 물을 틀자 폭우가 쏟아졌다.

얼마 지나 붉은 신이 검은 신에게 충분한 비가 내렸으니 이제 물을 잠그라고 말했다. 하지만 검은 신은 사람들이 아직 물을 충분히 받지 않았다는 견해를 가지고 있었기 때문에 이를 거절했다.

이후에 둘은 침묵을 지키고 있었고 비는 다음 날 아침까지 계속 내리자 붉은 신이 다시 비가 충분히 내렸다고 말했다. 그러자 검은 신이 물을 잠궜다.

며칠 후에 검은 신이 풀이 심하게 말라 있으니 사람들에게 물을 더 내려보내자고 제안하였다. 하지만 붉은 신은 고집을 부리며 물은 다시 트는 것을 거부하였다.

둘은 한동안 언쟁을 하다가 마침내 붉은 신이 검은 신에게 사람들을 버릇없게 만들고 있다고 말하며 그들은 죽여버리겠다고 협박하였다. 이에 검은 신이 말했다.

"나는 내 백성들이 죽도록 내버려 두지 않겠다."

그리고 검은 신은 사람들을 보호할 수 있었다. 왜냐하면 검은 신은 사람들 가까이 살고 있고 붉은 신은 검은 신보다 위쪽에 있기 때문이다.

하늘에서 천둥이 치는 것은 붉은 신이 인간을 죽이려고 지구에 오려고 하는 것이며, 멀리서 우르르 쾅쾅거리는 소리는 검은 신이 "사람들을 괴롭히지 말아라, 이들을 죽이지 말아라."라고 말하고 있는 것이다.

괴물

괴물이라고 불리는 존재가 있었다. 원래는 사자였는데 변하여 절반은 사람의 모습을 하고 절반은 돌이 되었다.

괴물은 모습을 변경시킬 수 있는데 때로 절반은 사자로 절반은 사람으로 보이기도 했다. 괴물은 숲에 살며 빽빽하게 자라기 때문에 에실라레이라는 나무를 특별히 좋아했다. 괴물은 사람고기만 먹고 야생동물은 거들떠 보지도 않았다.

사람들이 괴물이 있는 곳을 지나가면 괴물이 사람을 불러 말했다.

"형제여, 이리 와서 여기 장작더미를 드는 것을 도와주시게."

누구라도 이 부탁을 들어주면, 괴물의 몽둥이를 얻어맞게 되고, 괴물이 소리쳤다.

"나는 아이서족의 일원이야, 할 수 있으면 도망쳐 보라고." 괴물은 이렇게 말하며 그 사람을 잡아먹었다.

만약 사람들이 이 괴물이 있는 것으로 알려진 지역을 지나쳐서 거처를 옮기고자 한다면, 사람들이 함께 모여서 행진하고 이들을 보호하기 위해 전사들이 전후좌우 사방에 배치되었다.

혹시 안개 속에서 목소리가 들리고 누군가를 부른다면 모두 침묵을 지켰다. 왜냐하면 불러내는 자는 이 괴물이기 때문이다.

마사이족이 소를 키우는 이유

원로들이 전해주는 말에 따르면 신이 세상을 준비하러 이 땅에 왔을 때 신은 도로보 사람 한 명, 코끼리 한 마리, 뱀 한 마리, 이렇게 셋이서 함께 살고 있는 것을 발견했다.

얼마 후에 도로보인이 암소 한 마리를 구했다. 어느 날 그가 뱀에게 말했다.

"친구, 왜 자네가 나에게 입김을 내뿜을 때마다 내 몸이 가려워져 긁어야 되는 거지?"

뱀이 대답했다.

"오, 아버님, 일부러 악취 나는 입김을 부는게 아닙니다."

이에 도로보인은 잠자코 있다가 그날 밤 몽둥이를 집어 들고 뱀의 머리통을 때려 죽였다.

다음 날 아침 코끼리가 도로보인에게 길죽한 녀석이 어디에 있느냐고 물었다. 도로보인이 모른다고 대답했지만 코끼리는 그가 뱀을 죽이고 잘못을 인정하기를 거부하고 있다는 것을 알았다.

밤 사이에 폭우가 내렸지만 도로보인은 자기 암소를 데려가 풀을 먹이고 물웅덩이에서 암소에게 물을 적셔 주었다. 이들은 그곳에서 며칠을 지냈고 이러는 사이 코끼리는 새끼를 낳았다.

얼마 후에 한 군데를 제외하고 모든 물웅덩이가 말랐다. 코끼리는 규칙적으로 풀을 뜯어 먹고 배가 차면 유일한 물웅덩이로 가서 물을 마시고 웅덩이에 누워 물장구를 치곤 하였다. 도로보인이 암소를 데리고 와서 물을 먹이려고 보면 물웅덩이는 흙탕물이 되어 있었다.

그러던 어느 날 도로보인이 화살을 만들어 코끼리를 쏘아 죽였다. 그러자 새끼 코끼리는 다른 나라로 도망갔다. 그러면서 그가 말했다.

"도로보인은 나쁜 놈이야. 더 이상 상종하지 않을 거야. 처음에는 뱀을 죽이고 이제는 우리 엄마를 죽였어. 멀리 떠나 다시는 그와 살지 않을 거야."

다른 나라에 도착하여 새끼 코끼리가 마사이 사람을 만났는데 그가 어디서 왔느냐고 물었다. 새끼 코끼리는 대답하였다.

"저는 도로보인 마을 출신입니다. 그는 깊은 숲에 사는데 뱀을 죽이고 우리 어머니도 죽였습니다."

마사이 사람이 물었다.

"네 어머니와 뱀을 죽인 도로보인이 있다는 게 사실이냐?"

사실이라는 대답을 듣자 마사이 사람은 말했다.

"같이 거기 가보자. 그를 만나 봐야겠다."

둘은 가서 도로보인의 오두막을 발견하고 보니 신이 그 집을 뒤집어 놓아 문이 하늘을 향하고 있었다. 신이 도로보인을 부르며 말했다.

"너에게 할 말이 있으니 내일 아침에 오길 바란다."

하지만 도로보인이 아닌 마사이 사람이 이것을 듣고 다

음 날 아침에 신에게 가서 말했다.

"제가 왔습니다."

신은 그에게 도끼를 주며 명령했다.

"사흘 안에 큰 움막을 짓도록 해라. 움막이 준비되면 숲에 가서 마른 송아지를 잡아 와라. 그리고 잡아 온 송아지를 움막에 데려와 도살해라. 하지만 고기는 먹지 말고 가죽에 묶어라. 가죽을 움막 문밖에 단단히 동여매고 장작을 구해 와서 큰 모닥불을 지핀 다음 고기를 모닥불에 던져 넣어라. 그리고 나서 움막에 몸을 숨기고 밖에서 천둥소리 같은 큰 소음 나더라도 놀라지 말아라."

마사이 사람은 지시대로 따랐다. 송아지를 발견하여 도살한 다음 가죽에 고기를 묶었다. 장작을 모아서 큰 모닥불을 피운 다음, 고기를 던져 넣고, 모닥불이 밖에 타도록 남겨 둔 채로 움막으로 들어갔다. 그러자 신이 하늘로부터 가죽 줄이 내려오도록 하였는데 이것이 송아지 가죽 위로 연결되었다. 곧 소 떼들이 가죽 줄을 타고 한 마리씩 내려오기 시작하여 마을 전체가 가득 채워져서 소들은 서로를 밀치게 되었고 마침내 마사이 사람이 있던 움막을 무너뜨리기에 이르렀다. 마사이 사람은 깜짝 놀라서 경이로움의 감탄을 연발했다. 그리고 나서 움막을 나와 보니 가죽 줄이 끊겨 있었고 소들이 더이상은 하늘에서 내려오지 않았.

신이 마사이 사람에게 거기 있는 소들이 충분한 것이냐고 물었다. 신이 말했다.

"네가 깜짝 놀랐기 때문에 더 이상 소를 받지 못할 것이다."
마사이 사람은 집을 떠나서 하사받은 소들을 돌보았다. 도로보인은 소 떼를 잃었고 이때부터 고기를 먹으려면 들짐승을 잡아야만 했다.
오늘날 반투족이 소 떼를 가지고 있는 것을 보면 사람들은 도둑질한 것이나 주운 것으로 생각한다. 그리고 마사이 사람들은 말한다.
"이 짐승들은 우리 것이니 가서 데려오자. 왜냐하면 옛날에 신이 지구상의 모든 소 떼를 우리에게 하사하였으니까."

도로보족에게 소가 없는 이유

나이테루콥이라 불리는 신이 있었는데 검은 신만큼 위대하지는 않았다.

다음은 원로들이 전해 준 이야기이다.

마사이 족은 원래 도로보인이었으며 소 떼가 없었다. 반면 소 떼를 가지고 있던 부족은 도로보인들이었다. 나이테루콥이 어느 날 도로보인에게 와서 말했다.

"내일 아침 일찍 나에게 오게. 할 말이 있네."

도로보인은 대답했다.

"좋습니다."

그리고 잠자리에 들었다.

레에요라는 이름을 가진 마사이 사람이 나이테루콥이 도로보인에게 하는 말을 듣고 밤중에 일어나 나이테루콥이 있는 장소 근처에서 기다렸다.

동이 트자 그가 나이테루콥에게 가니 나이테루콥이 그에게 물었다.

"너는 누구냐?"

레에요가 자기 이름을 말하자 나이테루콥이 도로보인은 어디에 있는지 물었다. 레에요는 모른다고 대답했다.

그러자 나이테루콥이 하늘로부터 가죽줄의 한쪽 끝을 떨어뜨려서 소 떼들을 한 마리씩 내려보내다가 레에요가 그만하라고 얘기하니 멈추었다.

마사이 사람의 소 떼가 여기저기 쏘다니다가 도로보인 소유의 소 떼들과 섞였다. 도로보인은 자기 소를 다시 알아보지 못하여 잃어버리고 말았다.

이후에 도로보인이 소 떼가 타고 내려온 줄을 잘라 버리자 나이테루콥은 다른 곳으로 이동해 버렸다.

도로보인은 소 떼가 없어지니 고기를 먹기 위해서는 야생동물을 사냥해야만 했다.

레에요의 불복종

어느 날 나이테루콥이 레에요에게 아이가 죽으면 시체를 버릴 때 다음과 같이 말하라고 지시했다.

"인간아, 죽어 다시 돌아오라. 달아, 죽어 거기에 머물러라."

얼마 후에 곧 한 아이가 죽었으나 레에요의 아이가 아니었다. 시체를 버릴 때가 되자 그는 시체를 집어 들고 자신에게 말했다.

"이 아이는 내 아이가 아니야. 시체를 버릴 때 '인간아, 죽어 거기에 머물라. 달아 죽어 다시 돌아오라.'라고 말해야지."

그는 시체를 버리면서 이처럼 말하고 집에 돌아갔다.

다음 날 자기 자식이 죽었다. 이번에는 시체를 버릴 때 그가 말했다.

"인간아, 죽어 다시 돌아오라. 달아 죽어 거기에 머물러라."

나이테루콥이 레에요에게 말했다.

"이제 소용없다. 네가 지난번 아이로 망쳐 놓았기 때문이다."

이것이 바로 사람이 죽으면 돌아오지 않고 달이 지면 다시 돌아와 항상 우리를 비추게 된 이유이다.

마사이족과 반투족의 연원

레에요가 늙자 자식들을 불러 말했다.
"아이들아, 내가 이제 몹시 늙었으니 작별 인사를 하고 싶구나."
그리고 나서 큰아들에게 자신의 재산 중에서 무엇을 갖고 싶은지 물었다. 아들이 대답했다.
"지구상에 있는 모든 것들을 조금씩 갖고 싶어요."
아버지가 말했다.
"네가 모든 것들을 조금씩 원하니, 소 몇 마리와 염소와 양 몇 마리씩, 지구상에 있는 음식의 일부를 가져라. 세상에는 수많은 것들이 있기 때문이다."
큰아들이 대답했다.
"감사합니다."
그리고 나서 레에요가 둘째 아들을 불러 무엇을 원하는지 물었다.
둘째 아들이 대답했다.
"아버지, 갖고 다니시는 부채를 갖고 싶습니다."
아버지가 대답했다.
"아들아, 이 부채를 선택하였으니 신이 너에게 부를 가져다 주고 너는 네 형제의 자손들 중에서 가장 위대하게 될 것이다."
모든 것을 조금씩 선택했던 아들은 야만인이 되고 부채를 받은 아들은 모든 마사이족의 아버지가 되었다.

해와 달 이야기

해가 예전에 달과 결혼하였던 것으로 전해진다.

어느 날 둘이 싸우다가 달이 해의 머리를 때리고 해도 달을 손상시켰다. 싸움이 끝나고 나니 해는 사람들이 자기 얼굴이 망가진 것을 볼까 창피하게 느껴서 눈이 부시도록 밝아졌다. 그리하여 사람들은 눈을 반쯤 감지 않고는 해를 볼 수 없게 되었다. 하지만 달은 부끄러워하지 않고 사람들은 달을 그냥 볼 수 있어서 달의 입이 터지고 눈 하나가 없는 것을 알 수 있다.

지금의 해와 달은 여러 날 동안 같은 방향으로 여행하는데 달이 선두에 나서고 있다. 일정 시간이 지나면 달이 피곤해지고 해가 달을 따라 잡아 해가 선두에 나선다. 이렇게 이틀 동안은 달이 힘을 내어 행진하고 셋째 날에는 해가 지는 장소에 남겨진다. 이렇게 사흘이 마감되면, 즉, 나흘째에, 당나귀들은 달이 다시 나타나는 것을 보고 울부짖는다. 하지만 사람들과 소들은 닷새째가 돼서야 달을 다시 볼 수 있다.

마사이 사람이 새 달을 보면 왼손으로 작은 나뭇가지나 돌을 던지며 "장수하게 해주세요" 혹은 "저에게 힘을 주세요"라고 말한다. 임신한 여성이 새 달을 보면 젖을 짜서 조롱박에 넣고 녹색 풀로 덮은 다음 달 방향으로 젖을 뿌리며 "달님이시여, 우리 아이를 안전하게 낳게 해주세요"라고 말한다.

월식

달이 죽으면 (즉, 월식이 생기면) 모든 남자와 여자, 전사들과 아이들이 각자의 집에서 나와 밖에 모인다. 그리고 나서 한 남자가 커다란 목소리로 달의 상실을 애도하고 현장에 있는 모든 사람들이 이를 따라서 합창에 동참한다.

사람들은 이런 방식으로 노래를 계속하다가 달이 다시 나타나기 시작하면 목청껏 함께 다음과 같이 소리친다.

"달아, 다시 살아나라!

달아, 다시 살아나라!"

달이 다시 정상적인 상태로 돌아온 것을 확인하면 사람들은 각자의 오두막으로 들어가 잠을 잔다.

사람들은 일식이 있을 때도 똑같이 행동한다. 유일한 차이점은 해가 다시 나타나기 시작하면 다음과 같이 소리친다:

"해야, 다시 살아나라!

해야, 다시 살아나라!"

일출과 일몰

해가 뜰 때 하늘이 붉으면 마사이 사람들은 비가 올거라고 말한다. 그리고 해가 질 때 하늘이 피 색깔이면 전사들이 성공적으로 사냥하고 있다고 말한다.

달 주위의 후광과 은하수

달 주위에 후광이 보이면, 마사이 사람들은 자신들이 습격을 당해 많은 소들이 잡혀가는 징조로 이해한다. 그들에게 후광은 소 우리를 의미한다.

또한, 마사이 사람들이 하늘을 건너는 길(은하수)을 보면, 전사들이 소 떼를 끌고 가는 길이라고 말한다.

별

세 가지 종류의 별이 마사이 사람들에게 잘 알려져 있다. 플레이아데스는 소 떼처럼 줄지어 서 있는 여섯 개의 별이다. 사람들은 이 별을 보고 비가 올지 안 올지 예측한다.

플레이아데스 달이라고 부르는 5월이 되면, 플레이아데스 별은 보이지 않는다. 이때 마사이 사람들은 비가 더 이상 오지 않을 것임을 안다. 왜냐하면 그때 플레이아데스 별이 지면 소나기가 끝날 때까지 보이지 않기 때문이다. 6월에서 8월이 되면 다시 보이기 시작한다.

또한 소 떼처럼 세 개의 별이 나란히 있는 남자별이 있고, 이들을 쫓는 왼쪽의 세 개의 다른 별들을 과부별이라 부른다. 마사이 사람들은 남편을 잃은 과부들이 결혼하기 위하여 남자들에게 접근하는 것이라고 말한다.

또한 킬레겐이라는 (금성) 별이 있는데 마사이 사람들은 이 혹성으로 동이 트는 것을 안다. 이에 따라 이 별은 새벽별이라 불리기도 한다.

여성들은 전사들이 사냥에서 귀환이 늦는 경우 금성에 기도한다.

그리고 레겐이라는 (금성) 별이 있는데, 이 별이 보이면 곧 달이 뜰 거라는 신호이다. 레겐은 서쪽 하늘에 떠 있어 저녁에만 보인다.[1]

혜성

혜성이 나타나면, 마사이 사람들은 커다란 문제가 자신들을 덮칠 것으로 생각한다. 소 떼가 죽고, 기근이 생기며 자신들의 부족이 적에게 흡수될 것으로 생각한다.

전해 오는 얘기로는 유럽인들이 당도하기 전에 혜성이 나타났었다고 한다. 마사이 아이들이 소몰이를 한 후에 연못에서 소들에게 물을 먹이고 있을 때, 황소를 닮았으나 색깔이 초록인 짐승이 물에서 나왔다. 아이들은 깜짝 놀라 짐승을 죽였다. 그 후 아이들이 짐승의 배를 갈랐더니 피 대신 지방질이 가득 차 있는 것을 발견하였다. 아이들은 마을에 돌아와 이 이야기를 전했다.

주술사가 이 소식을 듣고 말했다.

"다른 혜성이 나타나면 녹색의 사람들이 물에서 나와 우리나라로 올 것이다. 이들을 죽이면 피 대신 지방질이 몸에서 나오는 게 보일 것이다."

다음 혜성이 나타난 직후에 유럽인들이 당도하였다. 이로 인해 마사이 사람들은 유럽인들은 피가 없고 몸이 지방질로 가득 차 있다고 믿었다.

---

1) 마사이 족에게 금성은 두 개의 이름이 있는데 새벽에 보이는 것은 킬레겐이며 저녁에 보이는 것은 레겐이다 (참고로 고대 서양에서도 마찬가지로 루서퍼와 헤스페루스라는 두 개의 이름으로 불렸다.)

무지개

마사이 사람들이 무지개라고 부르는 것이 있는데, 비가 오고 있을 때 하늘에 무지개가 보이면 비가 곧 그친다는 표시로 이해한다.

아이들은 무지개를 다양한 색깔 때문에 '아버지의 옷'이라고 부른다. 일부는 빨갛고, 일부는 하얗고, 나머지는 잡색이다. 이들은 또한 "아버지가 좋아할 것이니까 아버지께 드릴 거야"라고 말하기도 한다.

번개

배고픔의 달, 9월과 10월에 서쪽에서 번개가 치면 마사이 사람들은 하늘의 큰 새가 날개로 물을 치는 것이며 번쩍이는 것은 물이라고 말한다.

가축과 비와 해 이야기

비가 오면 염소들이 말한다,
"적들이 우리를 이겼다."
그리고 도망가서 몸을 숨긴다. 그러나 양들은 말한다,
"어머니가 우리에게 기름을 발랐다."
그리고 빗속에서 그냥 지낸다.
해가 치열하게 타오르면, 양들은 말한다,
"적들이 우리를 이겼다."
그리고 그늘로 도망가서 몸을 숨긴다. 그러나 염소들은 말한다,
"어머니가 우리에게 기름을 발랐다."
그리고 햇볕 속에서 지낸다.

밤과 낮 이야기

전통에 따르면 밤은 남자이고 낮은 그의 아내다. 이것은 남자들은 강하여 밤에 적들과 싸우러 가고 여자들은 낮에만 일한다는 사실에서 유래되었다.

지진

마사이 사람들이 지진의 진동을 느끼면 어떤 사람들은 수많은 전사들이 습격을 하는 중이라고 말하고, 다른 사람들은 산이 떨고 있는 것이라고 말한다.

화산과 기체 분출

연기나 기체가 땅에서 나오면, 예를 들어 돈요 엔가이 활화산이나 길길 강 근처에서 기체 분출이 있으면, 마사이 사람들은 지표 아래에 많은 양의 백악질(석회암)이 있고 그것의 먼지가 보이는 것이라고 말한다.

동굴 – 연기나는 산의 동굴 이야기

돈요 에록이라고 불리는 연기 나는 산에 마사이 사람들이 살고 있다. 동굴 입구에 가면 사람들이 서로를 부르는 목소리와 소의 울음소리가 들린다.
　이 동굴에 기도하러 가는 여자들은 우유와 꿀과 버터가 가득 찬 표주박을 가져가서 남겨두고 온다. 그러면 동굴 거주자들이 밤에 나와서 이 음식들을 먹는다.

그러나 아이를 낳지 못하는 여인들은 동굴에 가지 않는다. 이들이 가져간 제물들은 받아들여지지 않기 때문이다.

동굴에 대해 모르는 외부인이 주변에서 나무를 자르면 나무에서 피가 나오는 것을 보았다는 이야기도 있다.

아티강의 동굴과 럼부아 마사이족 이야기

스와힐리 사람들이 하마 강이라고 부르는 아티 강 주변에는 한 동굴이 있다. 오래전 나이테루캅이 마사이족을 케냐 지역에서 데리고 올 때 돈요 사북에 도착하여 이 동굴로 들어간 것이라고 사람들은 믿고 있다. 이들은 10일간의 여정 끝에 염전 호수에 도착하여 마침내 정착하였다.

이들이 바로 럼부아족이며, 겉모습은 마사이와 같지만 이들은 농사를 짓는다는 차이점이 있다.

마사이 풍습

포경수술

　마사이 어린이는 아버지가 '울타리 넘기'라 불리는 풍습을 지킨 후에야 포경수술을 받을 수 있다.
　자기 장남에게 포경수술을 받게 하고자 하는 아버지는 꿀술을 내리고 술이 준비되는 동안 이웃들을 불러 모은다. 그리고 마을 밖에 움막을 짓고 아버지는 그곳에서 나흘 동안 혼자 지내게 된다. 아버지는 움막에서 혼자 잠을 자고, 음식은 그곳으로 배달된다.
　아버지는 움막에서 지내는 나흘 동안 소들이 밖에서 풀을 뜯을 때 돌보기 위해서만 마을에 접근할 수 있다. 남성은 그동안 전사의 복장과 장식, 무기를 갖추고 있어야 한다.
　검과 창, 곤봉과 방패, 염소의 위로 만든 모자, 타조 깃털로 만든 머리 장식, 대머리수리의 깃털로 만든 망토, 콜로버스 원숭이 가죽으로 만든 발찌, 팔 클램프, 송아지 가죽으로 만든 의상 등을 하고 염소 가죽을 허리에 고정한다.
　나흘간의 기간이 지나면 마을의 어른들이 그를 마을로 데려온다. 남성은 미리 준비된 꿀술이 있는 움막의 문 옆에 서 있어야 한다.
　그러면 어른 한 명이 울타리 넘기를 하는 남성에게 말한다,
　"가서 어른이 되거라."

남성이 대답한다,

"이런! 그럴 수 없습니다!"

명령은 반복되지만, 남성은 여전히 거부한다. 다섯 번째로 명령이 반복되면 남성이 말한다,

"이런! 그럼 그렇게 하겠습니다."

그러면 남성은 움막에 들어가 전사의 복장을 벗어 놓는다. 그리고 꿀술을 마시고 남성은 아들의 이름으로, 즉 누구누구의 아버지로 불린다. 남성이 이 이름에 응답하면 남성은 가서 이익을 남기라고 명령을 받는다. 남성은 대답한다.

"소와 가축떼"

이것이 네 차례 반복되고 의식이 끝이 난다. 이후에 남성의 자식들은 아들이든 딸이든 모두 포경수술을 받을 수 있다.

소년의 포경수술

마사이 소년이 포경수술을 받기 원하면, 일단 포경수술을 받을 시기가 되었다는 것을 확인한 이후에, 이웃 지역에 사는 사람들이 모두 모여서 소와 꿀을 가지고 주술사의 집으로 간다.

이들이 손에 들고 갈 수 있는 유일한 무기는 막대기이다. 창이나 검은 소지할 수 없고 곤봉은 혁대에 찔러 넣는다.

키테토나 모이포와 같이 먼 지역에서 온 사람들은 활을 가져갈 수는 있으나 화살과 화살통은 놓고 가야 한다.

포경수술 축제를 열도록 허락받으면 사람들은 신체에 분칠을 한다. 그리고 나서 다음 2-3개월 동안 여러 마을을 방문하고, 집에 돌아와 포경수술을 받을 때까지 머무른다.

마사이 소년이 포경수술을 받는 의식은 소년이 면도하는 것으로 시작된다. 이후에 양이나 황소가 도살된다. 이 동물은 소년으로부터 벗어나게 한 동물이라고 불린다. 둘째 날에 소년이 돌격하여 엘라팀이라 불리는 나무를 자르고 소녀들이 이 나무를 마을로 들고 와서 움막의 문간에 심는다.

다음 날 아침 소년이 집 밖으로 가서 앉아 몸을 차갑게 만든다. 소년은 아버지의 창이라 불리는 고사리 식물을 담근 물로 몸을 씻는다.

해가 지평선 위로 떠오르면, 소년의 어머니가 집의 문을 열고 소가죽을 가져다가 오른쪽 문기둥 옆 바닥에 깔아 놓는다. 그러면 소년이 가죽 위에 자리를 잡고 도로보 시술자가 소년을 잡고 있을 남자들과 함께 나타난다. 남자들이 소년의 다리를 똑바로 펴도록 잡으면 소년은 이들 사이에 앉아 포경수술을 받는다.

시술 중에 소년이 찡그리면, 소년의 어머니가 막대기로 얻어맞는다. 그래서 소년은 부모가 아들이 겁쟁이처럼 행동할 것을 미리 안다면 도망가서 숨어 있는다.

시술이 끝나자마자, 피가 묻은 가죽은 소년이 가져다가 자기 침대에 올려놓는다. 소년들이 모두 포경수술을 다 받으면, 이들은 시폴리오(은둔자)라 불린다.

이후에 이들은 나흘 동안 집에 머물고 이들을 위한 활이 준비된다. 이후에 소년들은 돌격하여 어린 소녀들에게 활을 쏘는데 화살촉을 벌집으로 막아 놓아서 소녀들의 몸을 뚫고 들어가지 않는다.

또한 소년들은 작은 새들을 활로 쏘아 잡아서 타조 깃털과 함께 머리에 두르고 다닌다. 시폴리오 소년들은 여자처럼 보이기를 좋아해서 수루차 귀걸이와 땅바닥까지 내려오는 복장을 한다. 이들은 또한 얼굴에 흰색 분칠을 한다.

소년들이 다 회복이 되면 다시 면도를 하고 일 바노(면도한 자)가 된다. 이때 이들은 긴 복장을 벗고 전사의 가죽과 장식을 입게 된다.

이후에 머리를 기르는 것이 허용되고, 머리가 땅을 정도로 자라면 일 뮤란(전사)이라고 불린다.

전사들은 로인곡(황소)과 은가미니니(관대한 사람)라는 호칭을 좋아해서 방울과 일토롱겐이라 불리는 팔찌를 하기도 한다. 황소라는 호칭을 얻기 위해서 전사는 많은 야만인들을 죽여야 하며, 관대한 사람으로 뽑히기 위해서는 황소를 많이 도살하여 동료들에게 고기를 자주 제공해야 한다.

소녀들의 포경수술

마사이 소녀들이 결혼하기를 원하면 포경수술을 받아야 한다.

수술이 시행되는 날 양이나 황소가 도살되는데 소년들의 경우와 마찬가지로 이 짐승을 소녀에서 벗어나게 한 동물이라고 부른다.

소녀들은 실내에서 수술이 진행되고, 울더라도 부끄럽게 여겨지지 않는다. 소년들이 입는 타조 깃털 대신 소녀들은 이집트 종려나무 잎이나 풀잎으로 만든 꽃다발을 쓴다.

수술에서 회복되면 결혼을 한다.

여성들의 쇠목걸이와 귀걸이 및 다른 물품들

여성들이 수루챠라고 부르는 귀걸이와 쇠로된 목걸이를 착용하는 이유는 결혼하였다는 것을 알리기 위함이다.

마사이족은 소녀들이 성장하면 포경수술을 하고 이 장식품들을 착용하여 소녀와 성인여성을 구분한다. 왜냐하면 여성이 쇠목걸이나 귀걸이를 착용하고 있지 않으면 성인여성인지 소녀인지 구별할 수가 없기 때문이다.

포경수술을 받은 마사이 소녀는 소녀라 불리지 않고 여성이라 불린다. 말하자면, 아이를 낳기 전까지는 젊은 여성이라고 불린다.

여자는 아주 어리더라도 일단 포경수술을 받기만 하면 성인으로 간주된다.

품이 큰 옷에 귀걸이와 쇠목걸이를 차고 있으면 여성임을 알아차릴 수 있다. 소녀는 이런 의복과 장신구를 착용하지 않는다.

소녀들은 목에 신가니라고 부르는 구슬목걸이와 조그만 쇠줄 피스 등을 걸치고 작은 옷을 입는다. 소녀들은 또한 귀에 체인을 달고 팔찌와 발찌를 한다.

소녀들은 옷 한 벌을 입고 허리에 전사들과 비슷한 혁대를 한다.

성인 여성들은 옷을 고정하는 넓은 혁대 외에는 허리에 아무것도 하지 않는다.

성인 여성들은 두 가지 옷을 입는데, 하나는 올옥케세나, 다른 하나는 올레키스호포다.

마사이족, 특히 여성들에게 귀걸이는 굉장히 중요하다. 여성들은 남편이 살아 있는 동안 함부로 귀걸이를 빼지 않는다.

일하는 동안 귀걸이를 벗어 둔 경우, 여성은 남편이 오기 전 오두막으로 달려가 서둘러 귀걸이를 착용한다. 이는 남편이 귀걸이를 착용하고 있지 않은 자신을 보지 않도록 하기 위함이다.

남편이 출타하는 경우에도 아내는 귀걸이를 벗지 않는다. 마을 사람들이 귀걸이를 하지 않으면 남편이 미워할 것이라고 말하기 때문이다.

남자들의 귀걸이와 암링 및 다른 물건들

　소년과 소녀들은 귀에 은굴랄렌이라 불리는 나무조각을 붙이고 전사들과 남자들은 일기소라 불리는 사슬귀걸이를 한다. 이들은 또한 사슬 팔찌를 한다.
　마사이의 자식들은 성인이 되면 수루챠라는 귀걸이를 착용할 수 있다. 자식들이 포경수술을 받고 성인이 되기 전까지는 착용할 수 없다.
　올마상구스라 부르는 암링은 들소의 뿔이나 코끼리의 상아로 아름답게 만든 것이다.
　많은 소를 소유하고 자식이 많은 남자만이 부의 상징으로서의 암링을 착용할 수 있다.
　또한 이랍이라 부르는 암 클램프는 전사들이 착용하거나 혹은 장식으로 사용된다.

마사이 인사법

전사가 다른 전사를 만나면 "소파이"라고 말한다. 여러 전사가 만나면 한쪽에서 "엔다소파이, 전사들이여!"라고 말하고 다른 한쪽에서 "헤파"로 대답한다.

인사를 나누고 사람들의 소식이 궁금한 경우, "희소식을 가져오셨나요?" 또는 "희소식을 전달하시나요?"라고 묻는다.

이에 대한 답변으로 "좋은 소식만요" 혹은 간단히 "희소식만"이라고 말한다.

마사이 전사들이 원로를 만나면, 원로가 인사를 시작한다. 전사가 다수인 경우, 원로는 이들을 부르며 "친구들"이라고 말한다.

이에 대해 전사들은 "예"라고 대답한다. 그러면 원로가 "엔도소파이"라고 말하고, 이에 대해 전사들이 모두 함께 "헤파"라고 대답한다.

전사들이 먼 지역에서 와 원로들을 집 밖에서 만날 경우, 전사들은 이들의 손을 잡고 동시에 자신의 창을 땅에 꽂는다. 그러면 원로는 이들에게 "안녕하신가"라고 말한다.

서로의 손을 놓으면서 원로는 전사에게 "친구들"이라고 말하고, 전사들은 "예"라고 응답한다. 그리고 나서 원로가 통상적인 인사인 "엔다소파이"라고 말하고 이에 대해 전사들은 모두 함께 "헤파"라고 응답한다.

그러나 요즘에는 원로가 인사할 때까지 기다리지 않고 전사가 먼저 "엔도소파이, 아버님들"이라고 말하기도 한다. 적어도 엘버곤이라 불리는 마사이족은 이렇게 한다. 키송고 마사이족의 전사들이 원로에게 먼저 인사하는 경우, 이들은 "엔다소파이, 원로님!" 혹은 "엔다소파이, 어르신!"이라고 말한다.

남자들이 서로 만나면 이들은 "엔다소파이, 원로님들!" 혹은 "엔다소파이, 남편분!"이라고 인사한다.

전사나 소년은 감히 "엔다소파이, 남편분!"이라고 말하않는다. 왜냐하면 존경받기를 원하는 것으로 알려질 수 있기 때문이다.

전사가 결혼한 여성을 만나면 "엔다퀜야, 사모님!"이라고 말하고 이에 대해 여성은 "익호"라고 답변한다.

전사들은 결혼한 여성에게 감히 "엔다퀜야, 아내분!"이라고 말할 수 없는데, 존경받기를 원하는 것으로 알려질 수 있기 때문이다.

오직 여성의 남편만이 자신의 아내에게 "엔다퀜야, 아내분!"이라고 얘기할 수 있다.

결혼한 여성이 전사나 소년들을 만나면, 이들은 "엔다퀜야, 어린이들아!"라고 말하고 전사나 소년들은 "익호"라고 응답한다.

전사들이 자신의 부족의 결혼한 여성들을 만나면, 이들은 "엔다퀜야, 사모님들!"이라고 말하고 이에 대해 여성들은 "익호"라고 응답한다.

전사들은 소녀들에게 "엔다소파이, 소녀들!"이라고 인사한다. 소녀들은 "헤파"라고 응답한다.

소녀들이 전사들에게 인사할 때도 같은 말이 사용된다.

다만 형제끼리는 "소파이"라고 인사하지 않고 "태퀜야"라고 말한다. 일부는 추가적으로 서로 입을 맞추기도 한다.

여자 형제가 아주 어릴 경우에만 전사는 "소파이"라고 말할 수도 있다.

어린 아이나 약간 큰 소년들이 어른들에게 인사할 때는 손을 잡지 않고 머리로 어른들의 복부를 친다.

여성이 어린 아이에게 입맞춤을 하면 어린 아이는 얼굴로 여성의 가슴을 접촉한다. 여성은 그러면 "안녕"이라고 말한다.

작별

　마사이 사람들은 친한 지인의 집을 방문하고 자신의 집으로 돌아가기 전, 집주인은 손님에게 이렇게 말한다.
　"안녕, 신께 기도할게요. 안전한 것만 가까이하고 장님 말고는 아무도 만나지 않기를."
　그러면 손님은 말한다,
　"꿀술과 우유와 함께 누우세요".
　이에 집주인은 "그럴게요."라고 대답하고, 손님은 자기 집으로 자유롭게 떠난다.

환대

마사이 사람이 다른 집을 방문할 때, 주인과 가까운 사이가 아니라면 오두막에 먼저 들어가지 않는다. 아이머 나이대 사람들은 나이 차가 있어서 키슈무 나이대 사람의 오두막에 들어가서는 안 된다.

손님은 아이머 나이대 사람의 오두막이 어디에 있는지 묻고, 자신의 나이대 사람의 오두막으로 안내받으면 거기로 들어간다. 손님이 집에 들어가면 오두막의 주인은 손님을 남겨두고 다른 장소에 가서 잠을 자고 손님은 주인의 아내와 남아 있다. 오두막의 주인이 아내가 여러 명인 경우에는 주인이 다른 아내와 자러 가고, 손님은 들어간 오두막에 있던 아내와 같이 있게 된다.

마사이 사람들은 같은 나이대의 손님에게 환대를 안 할 수가 없는데, 이는 같은 나이대의 사람들이 자기를 저주하여 죽게 되는 것을 두려워하기 때문이다.

소, 풀과 우유

　마사이 사람들은 소를 매우 사랑하며 세상에 어떤 것도 소만큼 가치있는 것은 없다고 생각한다. 소에게도 사람처럼 이름을 지어준다.
　"소 한 마리가 남자의 머리를 닮는다."라는 말이 있다. 이는 남자가 소를 키우고 돌봄으로써, 결혼을 하고 아이를 갖는 등 인생을 풍요롭게 할 수 있다는 의미이다.
　또한 소들이 풀을 먹고 살기 때문에 마사이 사람들은 풀도 사랑한다. 가뭄이 있을 때마다 여성들이 풀을 옷에 달고 신에게 가서 기도한다. 전사가 풀밭에서 소년을 때릴 때, 소년이 풀을 뜯어 들면 전사는 때리는 것을 멈춘다. 또한, 마사이족들이 적과 싸울 때, 휴전을 하고 싶으면 이에 대한 신호로 풀을 보여 준다.
　전투에서 귀환하는 경우, 사람들은 전투에서 적을 죽인 전사를 칭찬하는 일을 중요하게 여긴다. 소녀가 우유를 담은 조그만 표주박을 가져와 녹색 풀로 덮고 전사들에게 우유를 뿌린다. 그리고 나서 사람들이 집집마다 이동할 때 표주박에 풀을 묶는다.
　한 사람이 손에 풀을 쥐고 다른 사람에게 용서를 구하는데 이를 받아들이지 않으면 거절한 사람을 도로보라고 칭한다. 도로보는 소에 대해 아는 바가 없는 사람이다.
　또한, 여행 중 길에 나뭇가지가 떨어져 있으면 풀을 약간 엮어 나무 위에 던진다. 그러지 않으면 여행이 실패할 것이라 믿는다.

마사이 사람들은 풀을 매우 사랑하여 이렇게 말한다,

"신이 우리에게 소와 풀을 주셨으니, 우리는 신께서 주신 물건들을 떼어 놓아서는 안 된다."

마사이 여성들이 소의 우유를 짤 때마다 표주박의 우유를 따로 떼어 뿌리면서 이렇게 말한다,

"신이 좋아하실 거야."

소, 양, 당나귀 쇠도장 찍기와 귀 자르기

마사이족이 가축에 달군 쇠도장을 찍어 주인을 표시하는 방법은 다양하다. 각 부족과 가족을 표시하는 한 가지 주요한 쇠도장이 있고, 한 가족의 구성원의 소유인 가축들은 특별한 방식으로 쇠도장을 찍기도 한다.

또한 구체적인 소유자를 알 수 있는 작은 쇠도장 마크도 있다. 쇠도장 찍는 것 외에도, 구성원은 자신의 소, 양, 당나귀의 귀를 자르는 특별한 방식으로 주인 표시를 매긴다.

마찬가지로 가족 구성원을 표시하기 위해 더 작은 표시로 귀를 자른다. 그래서 만약에 들에 소가 있다면, 아이서 가족에 속하고 또한 그 가족 내의 특정인에 속한다는 것을 알아 볼 수 있다.

마사이 전사들의 방패와 창

전사들의 방패는 한 가지 디자인만 있는 것이 아니고 각자 다르다. 나이와 지역에 따른 고유의 디자인이 있다. 따라서 전사들이 적을 만났을 때 방패를 통해 적들의 나이가 얼마인지, 어느 지역 출신인지 알게 된다.

방패에는 네 가지 표시를 하는데, 이는 빨강 표시, 검정 표시, 장식 표시 그리고 용맹에 대한 표시로 나뉜다.

마찬가지로 창에 매긴 표시도 각각 다르다. 창이 발견되면, 창의 아랫부분을 보고 주인의 나이와 지역을 확인할 수 있다.

마사이 원로들의 활

전사가 자신의 창에 특별한 표시를 하는 것처럼, 나이든 남자도 자신의 활에 특별한 표시를 한다. 그래서 활이 발견되면 주인의 세대와 사는 지역을 알 수 있다.

이사 과정

마사이족은 이사를 좋아한다. 머무는 장소가 가축에게 먹이를 주기 어렵게 되면 다른 장소로 이동한다.

이사할 때는 당나귀에 가죽안장과 배낭안장을 채우고 표주박 그릇을 넣는다. 여성들이 가방을 운반한다.

풀의 상태가 좋지 않은 장소에서 숙박하는 경우, 제대로 된 움막을 짓지 않고 소위 일응고보리라고 불리는 가죽으로 만든 임시 움막에 거처한다. 좋은 풀이 있는 장소에 가게 되면 움막을 짓는다.

여성들이 움막 짓는 작업을 한다. 땅에 여러 구덩이를 파고, 여러 개의 기둥을 구해다가 기둥 한쪽을 구덩이에 묻고 나무에서 구한 줄로 다른 쪽 기둥들을 한데 묶는다. 그리고 기둥 외부틀을 긴 풀로 덮은 다음 외부 전체에 소똥과 진흙을 바른다.

마사이 전사의 오두막과 도살장

마사이 전사는 결혼한 사람의 오두막에 살지 않고 자신의 오두막에서 어머니와 연인과 기거한다. 고기를 먹으러 숲에 갈 때는 도살장에서 시중을 드는 소년들과 동행한다.

자손이라 불리는 잔치

마사이족에게 자손이라고 알려진 잔치가 있다. 아이가 태어나고 이름을 지을 때가 되면 황소를 잡는데, 이를 자손의 황소라고 부른다. 흠이 없고 하얗거나 갈색 점이 없는 검정 황소를 골라서 도살한다. 그 후 고기는 남자와 여자들 몫으로 따로 나눈다.

고기가 다 익어 식사 준비가 완료되면, 한 여성이 일어나 다음과 같이 소리친다.

"꿀이 준비되었어요, 첫 번째로 알립니다. 꿀이 준비되었어요, 두 번째로 알립니다. 고기가 준비되었어요, 첫 번째로 알립니다. 고기가 준비되었어요, 두 번째로 알립니다."

그러고 나면 마을의 여성들이 아이의 어머니에게 우유를 건네주고, 각자가 자기 몫의 고기를 받은 다음 자기 집으로 돌아간다.

저녁이 되면 아이의 어머니는 아이를 소 마구간으로 데려가 아이를 업은 채로 소의 젖을 짠다. 이것을 마치고 나면 세 명의 남자 어른들과 아이의 아버지가 합류하여 아이의 이름을 짓는다.

소위 자손 황소는 항상 움막의 문간에서 도살되고, 머리뼈는 치우지 않고 문 옆에 놓아둔다. 소꼬리는 보통 때와는 다르게 가죽에서 분리하지 않는다. 꼬리는 가죽이 닳아 없어질 때까지 남겨둔다.

요즘 시대에도 아이의 이름을 짓기 위해 반드시 자손 황소를 도살하는 것은 아니다. 아이가 자라서 포경수술을 받을 때까지 기다리는 것이 허용된다. 하지만, 포경수술을 받기 전까지는 반드시 황소가 도살되어야 한다.

추장을 선출하는 잔치

전사들이 올아우노니라 불리는 추장을 선출하기를 원하면, 부모가 아직 생존해 있고 소를 소유하고 있으며 사람을 죽인 적이 없고 부모가 장님이 아니고 본인의 눈이 변색되지 않은 남자를 선택한다.

이 조건에 맞는 남자를 찾는 데 성공하면, 이들은 본인에게 알리지 않는다. 축하잔치 시간이 도달할 때까지 본인에게 이 사실을 숨긴다.

대표 주술사가 추장의 선택을 허가하면 원로들이 입는 것과 같은 옷감을 새 추장을 위해 준비하고 수루차 귀걸이도 준비한다.

잔치 직전에 전사들의 집 근처에 오싱기라라 불리는 작은 오두막을 짓고 젖소만 넣어 둔다.

잔칫날에 추장은 가둬 둔다. 왜냐하면 자신이 선택되었다는 것을 알게 되면 도망가서 숨거나 사람을 죽이기 때문이다. 원로가 된다는 것은 본인에게 탐탁지 않은 일이다. 다시는 전쟁에 나갈 수 없기 때문이다.

추장을 가두면 수루차 귀걸이를 달고 원로처럼 복장을 한다. 이것으로 이날의 일은 끝이 난다.

다음날 전사들은 소 떼 중에서 목과 배 부분이 하얀 검은색 황소를 찾아 둘러싼다. 소 떼들이 풀을 뜯으러 가면 선발된 힘센 남성이 팔 길이만큼의 거리를 두고 미리 정한 황소의 뿔을 잡고 다른 남자가 황소의 배꼽을 잡는다.

황소의 목 뒷부분을 칼로 찌르고 현장에서 가죽을 벗긴다. 그리고 나면 원로들이 전사들의 오두막 중앙에 큰 모닥불을 피우고 물소 뿔을 던진다.

모닥불이 다 꺼지면 밖에 서 있던 전사들을 불러서 '끝이 났다'라고 말한다. 그러면 모두 모닥불을 향해 달리며 뿔을 가지려 경주를 한다.

가장 먼저 모닥불에 가서 뿔을 집어 든 사람이 자기의 팔을 펼친다. 뿔을 다른 사람들에게 보이며 소리친다.

'내가 마무리하였다.'

이것으로 에우노토 잔치는 끝이 난다.

추장은 이날 포경수술 잔치 전에 선출된 상담자와 함께 머리를 면도한다. 이후에 전사들은 자신들이 원하는 때라면 언제든지 머리를 면도할 수 있다.

전사들이 추장을 선출하는 작업을 끝내고 나면 소를 도살하고 4, 5개월 기다린 후에 이 기간이 종료되면 사냥을 나갈 수 있다. 이것을 서약의 실천 혹은 추장의 선출이라고 부른다.

전사들은 서약이라 불리는 면으로 된 천을 입는데 이 천에는 에키리키티 나무의 씨가 꿰매져 있다.

전사들은 또한 만객이라 불리는 에사이티 나무의 가지로 만든 목걸이를 하고, 일부 전사들은 자기 아버지의 코담배 갑이나 부채도 가지고 다닌다.

결혼

마사이 남성이 결혼하기를 원하면 소녀가 아직 어릴 때 소녀와 사랑을 하고 소녀의 아버지에게 담배를 전달하는 방법으로 구애를 시작한다.

그리고 남성은 소녀가 다 자랄 때까지 기다렸다가 다시 꿀과 담배를 선물로 제공한다. 소녀의 포경수술 시에 소녀의 아버지에게 더 많은 꿀을 가져다준다.

젊은 여성이 포경수술에서 회복되면 남자는 장래의 장인의 집을 방문하는데 지참금으로 세 마리의 어린 암소와 두 마리의 황소를 가져간다. 황소 중 한 마리는 암소들의 동행이라면서 남기고 나머지 한 마리는 집 문간에서 도살된다. 또한 남자의 여자 형제가 꿀단지를 가지고 남자와 동행한다.

남자가 암소들의 동행으로 남겨둔 황소를 아버지에게 선물하면, 두 남자는 서로를 파키퉁이라 부를 수 있게 된다. 파키퉁은 황소를 주고받은 자, 즉 장인과 사위관계를 의미한다.

남편이 아내를 데려갈 시간이 되면, 남자는 (두 마리의 숫양과 한 마리의 암양으로 구성된) 세 마리의 양을 가져간다. 암양은 신부의 어머니에게 선물하고, 서로를 파커라고 부르는데 이는 양을 주고받은 자, 즉 장모와 사위 관계를 의미한다.

두 마리의 숫양은 신부의 아버지가 마련한 숫양 두 마리와 함께 도살된다.

신부의 결혼 예복에 기름칠한 후에 신부가 이를 입고 조개껍데기로 장식이 된 표주박을 받는다. 표주박은 신부가 등에 두르고, 남편은 신부를 부부가 살 집으로 데려가는데 남편의 친구 두 명과 신부의 마을에서 온 두 명의 기혼 여성이 동행한다.

신부는 서두르지 않고 천천히 걸어서 남편의 오두막에 도달하고 어린아이를 신부에게 보내 젖을 먹이게 한다.

남자가 결혼을 하여 아내의 이름을 부르는 것은 불운을 야기하는 것으로 간주된다. 따라서 다른 이름을 지어야만 한다. 흔히 활용하는 방법은 신부가 속하는 연령대로 부르는 것이다. (to edit, 따라서 예를 들어 특정 연령대는 Seure라고 부른다.)

마사이 남성이 소를 많이 소유하고 있으면 많은 여성과 결혼할 수 있다. 어떤 남성은 두 명, 어떤 남성은 세 명, 어떤 남성은 네 명의 아내를 둘 수 있다. 부유한 남성이 원한다면 열에서 스무 명의 아내를 가질 수도 있다.

마사이 남성이 두 번째나 세 번째로 결혼하는 경우, 첫 번째 부인이 새 부인에게 송아지를 선물하고 서로를 파쉬라고 부르는데 이는 송아지를 주고받은 자라는 의미이다.

마사이 남성은 여성의 가족이 자신의 가족과 같은 구역에 산다면 같은 구역에 속하는 여성과 결혼할 수는 없다. 그러나 자신의 친족 내의 여성과는 결혼이 가능하다.

피신

마사이 남성이 아내를 폭행하면 어떤 아내들은 집에서 참고 견디지만 다른 아내들은 다른 데로 피신하기도 한다. 남편이 아내를 폭행하지만, 심하게 하지 않는다면, 아내는 남편의 나이대에 속하는 사람의 집으로 피신할 수 있다.

아내가 피신한 집의 남자가 그녀를 남편에게 다시 데려다주면 남편은 아내를 더 이상 폭행하지 않는다. 이는 자기 나이대의 사람에게 저주받는 것을 두려워하기 때문이다.

여성이 자신의 심각한 잘못으로 인해 얻어 맞을 것을 예상하면, 여성은 친정아버지의 집에 가서 암소를 받아와 남편에게 용서를 구한다.

죽음

　마사이 족의 어린아이나 전사, 여인이 죽으면 시체는 맨땅에 남겨둔다. 그리고 가족들이 죽은 자의 이름을 더 이상 언급하지 않기 때문에, 그의 이름은 잊힌다.
　죽은 사람의 이름으로 불리는 물건이 있다면 죽은 사람의 이름과 같지 않은 다른 이름이 주어진다. 예를 들어, (부드럽고, 약하고, 순하다는 의미의) 올오나나라 불리는 중요하지 않은 사람이 죽는다면, 순함이라는 것은 그 마을에서 엔나나이라고 불리지 않게 된다. 왜냐하면 그것은 시체의 이름이기 때문에 (부르럽다는 의미의) 에폴폴과 같은 다른 이름으로 불릴 것이다.
　자식이 있는 어르신이 죽으면 그의 이름은 잊히지 않는다. 왜냐하면 그의 이름을 따 후손들의 이름을 짓기 때문이다.
　남녀 어르신이 죽으면 이들을 위해 울지 않으며 시체도 젊은이와 달리 맨땅에 남겨지지 않는다. 시체에 새 신을 만들어 신기고 도살한 양의 기름을 굽고 시체에 기름칠을 한다.
　이후에 시체는 그늘로 옮겨지고, 숫소 한 마리를 도살하여 모든 고기는 현장에서 먹는다. 숫소의 뼈는 시체와 함께 남겨두어 하이에나들이 냄새를 맡고 와 먹어 치우게 한다.
　마사이 주술사나 부자가 죽으면 시체는 맨땅에 버려지지 않는다. 암소나 양 한 마리를 도살하여 기름을 모아 시체에 바른 다음, 시체는 암소 가죽에 넣어서 그늘진 곳으로 옮긴다. 그리고 참호를 닮은 작은 구덩이를 파서 시체를 내려놓고 돌로 덮는다. 이것을 무덤이라고 부른다. 사람들은 이 지점을 지날 때마다 무덤에 돌 하나를 반드시 던진다.

마사이 여인이 아들이 죽은 후에 새로 아들을 낳으면, 새 아이의 귀를 약간 잘라 내고 아이에게 나와야라는 이름을 붙인다. 아이가 자라면 그의 이름은 올오와라로 변경되는데, 이 두 이름은 모두 잘라 내었다는 의미를 가진다.

가끔은 아이의 귀를 자르지 않을 때가 있는데, 이러한 경우엔 엔다렛이라 불리는 특별한 종류의 팔찌를 차고, 발가락에 가락지 하나를 찬다.

애도

가족의 아버지가 죽으면 모든 가족이 그를 위해 애도한다. 고인의 미망인과 딸들은 귀걸이, 목걸이, 염주 등의 장신구를 착용하지 않는다. 고인의 전사 아들들과 소년들은 머리를 면도한다.

고인의 아내들은 고인의 사후 만 일 년을 기다렸다가 장신구를 다시 착용한다.

가족 중 아버지 외에 다른 사람이 죽으면 가족의 여인들은 목에 차는 장신구는 하지 않지만, 귀걸이나 쇠반지 같은 것은 착용할 수 있다. 남자들은 머리를 면도한다. 이 경우 애도 기간은 한 달이다.

아이가 죽으면 아이의 어머니만 장신구를 착용하지 않는다.

사람들의 영혼과 혼령 그리고 뱀

사람들이 말하기를 인간이 죽는 순간에 곧 자기의 심장을 자를 것이라고 한다. 그리고 사람이 죽고 하이에나에게 먹히면 그의 영혼도 육체와 함께 죽는 것이라고 말한다. 소들과 마찬가지로 죽음과 함께 모든 것이 사라지며 영혼이 다시 살아 돌아오는 것은 없다고 믿는다.

하지만 주술사나 부자가 죽고 매장되면, 그의 영혼은 육체가 썩자마자 뱀으로 변하여 자식들의 집으로 가 이들을 돌보게 된다고 믿는다.

이러한 이유로 마사이족은 신성한 뱀을 죽이지 않으며 여인이 오두막에 뱀이 있는 것을 발견하면 바닥에 우유를 부어서 뱀이 이것을 핥아먹은 후에 사라지게 한다.

아이서 부족에게는 신성하게 여겨지는 검은 뱀이 있는데, 다른 부족 사람이 아이서 부족 사람이 있는 곳에서 검은 뱀을 공격하려 하면 아이서 부족은 자기들 소유이니 공격을 멈추라고 요구할 것이다.

타로세로 부족도 자신들의 특별한 뱀이 있는데 여러 가지 색깔로 구성되어 있다. 이 부족 사람이 남과 싸우다가 패배할 경우, 자신들의 뱀을 불러 말한다.

"우리 어머니 집의 복수자여, 나와라!"

그가 싸우던 사람이 도망치지 않으면, 뱀들이 나와 그를 물 것으로 믿어진다.

다른 부족들과 가족들도 자신들의 신성한 뱀이 있다. 어떤 뱀은 흰색이고 어떤 것은 빨간색, 어떤 것은 초록색이다. 어떤 뱀들은 어르신들의 망토처럼 생긴 덮개가 있고 어떤 뱀들은 노인처럼 하얀 머리를 가진 것도 있다.

주술사들도 뱀을 가지고 있으며 가방에 넣고 다니는 것으로 사람들이 말한다.

음바티안과 같은 거대한 사람들의 영혼은 죽고 나서 매장이 된 후에 천국에 가는 것으로 믿어진다.

잠자고 있는 사람을 갑자기 깨우면 안 된다. 천천히 깨우지 않으면 영혼이 돌아오지 않은 상태로 깨어나 죽을 수도 있다고 여겨진다.

마사이족은 유령 같은 것은 없다고 말한다. 왜냐하면 유령이 보이지 않기 때문이다. 하지만 소들은 유령을 보는 것으로 생각된다. 소 떼들이 모두 한곳을 응시하고 있으면 유령이나 맹수를 보고 있는 것이라고 말한다.

상속

한 가족의 아버지가 죽으면 그의 장남이 모든 재산과 아이가 없는 미망인의 소와 가축을 상속받는다. 그러나 아들이 있는 미망인들의 재산은 장남에게 상속되지 않는다.

각 미망인의 아들은 자기 어머니 가족 소유의 소들을 상속받는다. 남자가 아이 없이 죽으면 그의 남자 형제들이 고인의 소를 상속받고 배다른 형제들이 미망인을 아내로 받아 들인다. 고인의 친형제가 (즉 같은 어머니에게서 태어난 형제) 미망인을 아내로 삼는 것은 불법이다.

미망인이 죽은 남편의 배다른 형제나 다른 남자로부터 아들을 낳으면, 이 아이는 미망인의 남편이 살아 있었다면 상속받았을 소들을 받게 되고 이 가족의 일원으로 여겨진다.

남자가 죽어서 미성년자 아들을 남기면 아들이 상속받는 재산은 아들이 성인이 될 때까지 위탁 관리된다.

남자가 외삼촌의 재산을 상속받는 것을 불법으로 여겨진다.

범죄·절도

　마사이 사람이 우유나 고기와 같은 작은 물건을 훔치는 경우, 벌금을 물리지 않는다. 그런데 성인들이 훔치는 일은 거의 없고 우유나 고기 등을 훔치는 것은 소년들이다.
　마사이인들은 이처럼 사소한 물건을 훔치는 것이 크게 잘못된 일이라고 생각하지는 않으나, 소를 도둑맞는 것은 매우 싫어한다.
　전사가 암소 한 마리를 훔치다가 주인에게 들켰을 경우 변상을 해야 한다. 세 사람이 절도를 범했다면 각자가 어린 암소 세 마리로 변상해야 한다.
　주인이 도둑들을 추적하여 절도한 암소를 도살하는 현장을 잡았을 경우, 도둑질하던 전사 중 한 명이 주인을 보고 '유죄입니다'라고 소리치면 그에게는 벌금을 심하게 물리지는 않는다. 다른 전사들에게는 어린 암소를 변상하게 하지만, '유죄입니다'라고 외친 사람은 어린 수소 한 마리만 변상하면 된다. 도둑질한 전사들이 모두 '유죄입니다'라고 외쳤을 경우 그들 모두 어린 수소 한 마리만 변상하면 된다.

유혹

전사가 여성을 임신시키면 그녀와 결혼한다. 전사가 여성을 매우 사랑하면, 그는 의도적으로 여성을 유혹하여 그녀를 아내로 차지할 수 있도록 만든다.

하지만 마사이인들은 미혼인 사람이 아이를 갖는 것을 잘못이라 여기기 때문에, 소녀에게 "저리 가, 임신한 애야"라고 말하면 소녀는 슬피 울 것이다.

혼외자는 유혹의 아이 혹은 벽난로의 아이로 불린다.

살인

　마사이 전사가 다른 사람을 때려죽이면 도망가서 숨게 된다. 심판관이 없는 경우 죽은 사람의 형제들이 살인자를 처단한다.
　살인자가 죽임을 당하지 않은 경우, 원로들이 두 가족 사이에서 중재를 하고 의복이 교환된다. 죽은 사람의 가족이 살인자의 의복을 취하고 살인자는 죽은 사람의 형제 중 한 사람의 의복을 취한다.
　그리고 나서 죽은 사람의 형제들은 2년을 기다렸다가 만료가 되면 종친들을 다 불러 모아 습격에서처럼 살인자의 소들을 다 차지한다.
　소 떼 중에 목에 방울을 한 소가 있으면 남겨둔다. 소 떼 관리자도 함께 데려간다. 하지만 종친 무리가 죽은 사람이 살던 마을에 도착하면 관리자는 자기 마을에 돌아가도록 허락받는다.
　마사이족은 죽음 값을 2년이 지나기 전까지 지불하지 않는데, 이유는 죽은 사람의 머리가 아직 싱싱하기 때문이라고 말한다.
　마사이 사람이 다른 사람을 죽이면 살인을 범한 것이라고 부르며 죽임이라고 부르지 않는다. 죽임이라는 단어는 야만인에 대해서만 쓰인다.
　마사이 사람이 다른 사람을 때려 귓불을 찢으면 어린 암양으로 변상해야 한다. 다른 사람의 다리나 팔 혹은 머리의 뼈를 부러뜨리면 어린 암소로 변상해야 한다.

  소년이 살해되는 경우, 변상해야 하는 액수는 전사의 경우만큼 크지 않은 50마리의 어린 수소이다.

간통

전사나 소년들은 아버지 나이의 여성과의 간통은 금지되어 있다. 만약에 이런 일이 알려지게 되면 그는 저주를 받는다.

저주를 받게 되면 당사자는 두 마리의 암소를 마련하여 (한 마리는 꿀술 대신) 원로들에게 자기의 저주를 지워달라고 기원한다. 원로들은 꿀술을 마시면서 암소 고기를 먹는다.

하지만 남자가 자기 나이의 여성이나 소녀와 간통하는 경우는 이에 해당하지 않는다. 이 경우는 위법행위가 아니다.

결혼한 사람이 자기 딸이나 자기 딸 나이의 소녀와 간통을 저지르는 것은 심각한 범죄로 간주된다. 다른 기혼남들이 이 소식을 들으면 그를 때리고 그의 집을 무너뜨리며 자기들이 하고 싶은 대로 그의 소들을 도살한다.

발치

　엠브와타라 불리는 의식은 아래턱에 있는 앞니 두 개를 뽑는 것을 가리킨다. 이 시술에는 칼이 사용된다.
　마사이족은 어린이들의 앞니 두 개를 두 번 뽑는다. 우선 아이가 8세쯤 되고 모든 치아가 다 나왔을 때, 앞니 두 개를 뽑아 다시 자라길 기다린다.
　아이가 젖니가 모두 간니로 교체되면, 즉 12세쯤 되면, 앞니 두 개를 두 번째로 뽑고, 이 자리에는 치아가 다시는 나지 않은 상태가 된다.
　아이의 치아를 뽑은 후에는 아이의 열을 식히기 위해 얼굴에 당나귀 똥을 바른다.
　치아를 뽑는 풍습은 사람들이 아프거나 죽음의 문턱에 이르러 이가 아플 때, 뽑힌 치아의 공간으로 물을 붓기 위한 행동에서 유래되었다.
　사람들이 윗니를 뽑았더라면 아랫니에 공간을 요구하지 않았을 것이다. 그러나 이제는 아랫니를 뽑아 공간을 마련하는 것이 풍습이 되었다.
　마사이족들은 앞니를 뽑지 않은 사람을 보면 놀리면서 말한다.
　"그는 당나귀처럼 음식을 먹는다."

면도

마사이 원로와 여성 및 어린이들은 머리와 눈썹을 면도하고 속눈썹도 눈에 들어가는 경우에만 뽑는다. 이들은 또한 턱수염과 겨드랑이털, 사타구니의 털을 뽑거나 면도한다. 어떤 사람들은 정강이 털을 태우기도 한다.

전사들은 애도 기간이 아니라면 에우노토라 불리는 축제를 열기 전까지는 머리를 면도하지 않고 땋는 머리를 기른다.

여성이 아이를 낳으면 여성과 아이는 아이가 윗니 둘, 아랫니 둘이 날 때까지는 머리를 면도하지 않는다.

빨간 염주 의식

마사이 사람이 다른 사람을 자기 형제나 자매로 삼고 싶으면 그 사람에게 올투레시라 불리는 빨간 염주를 선물한다. 이 의식을 마친 후에 서로에게 이름 대신 염주를 주고받은 사람이라는 의미로 파투레시라고 부른다.

침 뱉기

마사이족은 두 가지 침 뱉기가 있다. 하나는 경멸을 표현할 때 사용하고, 다른 하나는 놀람을 표시할 때 사용한다. 이 두 가지 외에는 사람들을 치료하고자 할 때, 주술사가 침을 뱉는다.

마사이 사람이 다른 사람에 대해 경멸을 표시하고자 하면, 자기 치아의 구멍 사이로 강력하게 침 줄기를 배출하여 상대의 얼굴에 침을 뱉는 동시에 "너는 개야"라고 말한다.

예전에는 마사이족이 스와힐리족을 만나면 바닥에 침을 뱉고 "바닷가에 사는 이 사람들은 닭처럼 냄새가 나"라고 말하곤 했다. 이들은 가능하면 스와힐리족 사람들과 접촉하지 않으려 하였다.

마사이 사람이 전에 본 적 없는 아기를 보면, 아기에게 약하게 몇 차례 침을 뱉고 "자라서 사람들 눈에 익숙해져라"라고 말한다.

마사이 사람이 전에 본 적 없는 어린이를 보면, 역시 어린이에게 약하게 침을 뱉고 "이 어린이는 나쁘다"라고 말한다. 하지만, 혼잣말로 "이 어린이는 착하네"라고 말한다. 어린이를 칭찬하면 어린이가 아프게 된다는 믿음이 있기 때문이다.

작은 어린이들이 매우 늙은 사람에게 인사를 하면, 늙은 사람은 어린이들에게 침을 뱉고 말한다.

"신이 너희에게 나와 같이 긴 수명과 흰 머리카락을 주기를 기원한다."

반면에, 전사들이 성인 남성들에게 인사하면 성인 남성들은 자신들의 손에 침을 뱉은 다음에 젊은이들이 자신들의 손을 잡도록 허락한다.

마사이 사람이 유성과 같이 경이로운 것을 보면 몇 차례 침을 뱉고 "꺼져라! 적들의 방향으로 가거라"라고 말하고, 그리고 "나에게서 멀어져라"라고 말한다.

또한, 자기가 무언가를 잊어버리거나, 죽은 사람을 부르거나, 혹은 죽은 사람의 이름을 언급하게 되면, 침을 뱉는다. 어떤 사람의 죽음과 같이 나쁜 소식을 듣게 되면 침을 뱉고 "꺼져라, 오 신이시여, 우리는 귀가 없소이다"라고 말한다.

유럽인들이 이 나라에 오고 마사이족이 이들을 처음 보았을 때, 침을 뱉으며 "이런 사람 본 적이 없어"라고 말했다. 마사이족은 또한 유럽인들을 주술사라 부르며 유럽인이 약을 주면 자기를 치료해 주기 위해 침을 뱉어 달라고 요구했다. 예전에는 유럽인들은 털이 많아서 로주주라고 불렸다.

음식

마사이족의 성인 남성과 여성 및 어린이들의 주식은 우유이다. 전사들만 수송아지를 숲으로 몰고 가 도살한다. 그렇지 않을 경우 결혼한 사람들의 집에 가서 우유를 마시지만, 전사들이 자기들끼리 있을 때 도살하지 않고 2개월 동안 지내는 경우는 없다.

성인 남성과 여성 및 소년들은 가능하다면 고기를 먹는다. 또한 이들은 자연사하거나 뱀에 물렸거나 혹은 맹수가 죽인 암소는 먹을 수 있다.

하지만 마사이 어르신들은 정당한 이유 없이 소를 죽이지는 않는다. 고기를 매우 좋아하는 사람은 도로보라 불린다.

여성이 아이를 낳을 때마다 수송아지가 도살되고 산모에게 지방이 제공된다.

임산부에게는 좋은 음식이 제공되지 않는다. 임산부가 고기를 원하면 뼈나 고기가 별로 붙지 않은 조각을 주며, 우유를 원하면 우유에 물을 타서 준다.

마사이족은 피를 매우 좋아한다. 이들은 가죽끈으로 동물의 목을 동여매고 중간을 꺾은 화살로 목의 정맥을 찌른다. 피가 뿜어 나오면 표주박에 피를 받는다. 어떤 사람들은 피를 그대로 마시고, 어떤 사람들은 우유를 섞어서 마신다.

마사이족은 다른 몇 가지 음식도 먹는다. 일부 성인 남성과 여성은 소금과 오시멈 수워브라는 아프리카 바질을 섞은 잎담배를 씹고, 일부는 가루 잎담배를 코로 마신다. 두 번째를 가리켜 코담배라 한다. 어떤 사람들은 파이프에 담배를 핀다.

전사들도 원하면 코담배를 피운다. 하지만 소년과 소녀들은 코담배를 피우거나 잎담배를 씹지 않는다.

마사이족은 재배하는 법을 몰라서 자체적으로 담배를 기르지는 않는다. 대신 야만인들에게 버터와 마른 염소를 주고 물물교환을 통해 담배를 산다.

마사이족은 야만인들에게 좋은 소를 팔지 않는다. 새끼를 낳지 못하는 암소나 우유를 생산하지 못하는 암소 혹은 새끼들을 돌보지 않는 소만 판다. 이러한 소나 늙고 마른 염소와 양들이 마사이족이 떠나보내는 유일한 동물이다.

야생 꿀을 좋아하는 집단은 어린이들뿐이다. 성인 남성들은 애벌레가 가득한 벌집을 먹는다.

어린이들은 다양한 종류의 과일을 매우 좋아한다. 어른들도 과일을 먹기는 하지만 어린이들만큼 좋아하지는 않는다.

과거 마사이족은 소 외에 다른 종류의 음식은 먹지 않았으나, 이제는 옥수수, 쌀, 바나나, 곡류 같은 야만인들의 음식을 먹어야만 한다. 더 이상 옛날만큼의 방대한 소 떼를 소유하고 있지 않기 때문이다.

하지만 마사이족이 모든 종류의 음식을 먹는 것은 아니다. 이들은 새, 물고기, 야생동물의 고기는 먹지 않는다.

야생동물

과거 소를 많이 가지고 있을 때 마사이족은 야생동물의 고기를 먹지 않았다. 그러나 소를 모두 잃은 사람들 중 일부는 이제 도로보족처럼 사슴고기를 먹기 시작하고 있다.

마사이 소년들이 코끼리를 잡으면 상아만 떼서 소와 교환한다. 물소를 죽이면 가죽과 뿔만 취한다. 가죽으로 방패를 만들고 뿔로는 절구통을 만들어 약초를 가는 데 사용한다. 주술사들은 또한 뿔에 돌을 넣어 점을 치는 데 사용한다.

기린을 잡으면 꼬리의 긴 털만 활용한다. 소녀들은 기린의 꼬리털을 옷에 구슬을 다는 실로 쓴다. 일런드영양을 잡으면 가죽만 벗겨서 소를 고정할 때 사용할 가죽끈을 만든다. 타조를 잡으면 깃털로 머리 장식을 만들어 전사들이 전쟁에 나갈 때 쓴다. 소년들도 포경수술을 받을 때 타조 깃털을 쓴다.

사자를 잡으면 가죽을 취하고 전사들은 갈기로 머리 장식을 만든다. 이들은 전쟁에 나갈 때 갈기 머리 장식을 쓴다. 영양을 잡으면 꼬리를 취하여 원로들이 부채를 만든다. 그레이터쿠드를 잡으면 뿔을 취하여 사람들이 크랄을 이동시킬 때 나팔을 불어서 길을 잃지 않도록 한다.

끝으로 코뿔소를 잡으면 뿔을 취하여 곤봉을 만들어 숫염소와 황소를 때릴 때 사용한다. 이상이 마사이족이 야생

동물을 활용하는 방법이다.

  마사이 사람은 또한 맹수가 소나 염소를 잡아먹고 있는 것을 발견하면 맹수를 죽이고 "맹수가 우리 소를 먹어 치웠다"라고 말한다. 소와 염소를 잡아먹는 맹수는 사자, 표범, 하이에나와 자칼이다.

놀이

　작은 마사이 어린이들은 자갈과 나무 열매를 모아다가 소와 양에 던지고 논다. 이들은 또한 모래 위에 움막과 크랄을 지으며 물고랭이 나무로 창을 만든다. 어린 소녀들은 소시지 나무 열매로 인형을 만든다.

　큰 소년들은 소 떼 주변에서 논다. 조용한 소를 골라서 움막이라고 가장한다. 한 소년이 소 옆에 서면 나머지는 숨으러 간다. 숨었던 소년들이 돌아오면 소 옆에 서 있던 소년이 추격한다. 도망가던 소년이 잡히면, 적이 소년을 죽였다고 말한다. 추격을 피해 소에 손을 대는 사람이 놀이에서 이긴다. 이 놀이는 삼브웬이라 불린다.

　성인 남성들도 마찬가지로 자신들의 놀이가 있다. 이 놀이는 여러 개의 칸을 은도토라 불리는 자갈로 둘러쌓은 보드에서 한다.

　전사들도 이 놀이를 하지만 성인 남성만큼 좋아하지는 않는다. 이들은 보드는 없고 땅에 구멍을 판다.

화해

자신들이 싸웠던 적이든 다른 마사이족이든 마사이족이 누군가와 화해하면, 전사들이 두 명의 중요한 원로를 선발하고 송아지가 있는 암소와 아이가 있는 여성을 선택한다. 적도 마찬가지로 원로와 소, 여성을 선택한다.

그러고 나서 이들은 특정한 장소에서 함께 만난다. 참석한 모든 사람들은 오른손에 풀을 들고 소를 교환한다. 마사이족이 적의 소를 받고 적은 마사이족의 소를 받는다. 적의 아이에게 마사이 여성의 젖을 먹이고, 마사이 아이에게는 상대방 여성의 젖을 먹인다.

이후에는 각자 자신들의 마을로 돌아가 엄숙한 화해가 이루어졌다고 인식한다.

이런 방식으로 럼브와 마사이족과 원 마사이족 사이의 화해가 태양의 해인 1883년, 상가루나강이라 불리는 장소에서 이루어졌다.

예전에 마사이족이 야만인들과 엄숙한 화해를 원하지 않았을 때는, 이들과 피의 의형제를 맺는 방식으로 화해를 하였다. 마사이 원로가 야만인 원로와 마주 앉아 각각 왼팔에 상처를 냈다. 그 후 현장에서 죽인 수송아지 고기를 팔에서 흐른 피에 찍어 먹었다. 이후 마사이족은 돌아갔으나, 야만인들은 화해를 지키지 않았다.

징조

마사이족은 징조를 뜻하는 일틸로이라는 것을 믿는다. 남자가 아픈 여성을 방문하는 길에 올틸로라 부르는 새가 왼쪽에서 울면, 남자는 여성이 중병에 걸렸다는 것을 알게 된다. 새가 오른쪽에서 울면 여성이 병에서 잘 회복되고 있는 것을 의미한다.

어떤 사람이 아픈 남자를 방문하는데 올틸로 새가 왼쪽에서 울면, 남자가 조금 아프다는 것을 의미한다. 반면에 새가 길 오른쪽에서 울면, 남자가 죽는다는 것을 의미한다.

또한, 남자가 싸우러 가거나 습격을 가는 길에 올틸로 새가 오른쪽에서 울면, 성공을 예감한다. 그러나 새가 왼쪽에서 울면 패배를 의미하므로 집에 돌아온다.

남자가 누군가를 방문하는 길에 뒤쪽에서 올틸로 새의 소리를 들으면, 이는 좋은 징조이고 자기가 환대를 받을 것이라 예상할 수 있다.

여행 중에 올틸로 새 여러 마리가 뒤쪽에서 우는 소리가 들리면 이는 비가 온다는 신호이기 때문에 서둘러 가야 한다.

남자가 어딘가 가는 중에 혼자 걷고 있는 다른 남자를 만나면, 이는 나쁜 징조이다. 계속 길을 갈 것이지만, 자기의 여행이 헛되게 끝날 것이라 예상한다.

주술사

주술사에게는 미래 사건을 예측하는 네 가지 방법이 있다.

첫째는 들소나 암소의 뿔을 이용하는 방법이다. 돌멩이 한 줌을 뿔에 집어 놓고 뿔을 흔들어 밖으로 나오는 돌멩이 숫자를 보고 무슨 일이 일어날지 짐작한다.

둘째는 염소를 도살하여 내장을 검사하는 방법이다. 내장에서 발견한 것으로부터 유행병과 같은 일들이 일어날 것인가를 예측할 수 있다.

셋째는 주술사가 꿀술을 마시고 취하는 방법이다. 취한 상태에서 장래에 일어날 일을 예언할 수 있다.

넷째는 꿈을 통한 방법이다. 주술사들은 꿈에서 본 것을 사람들에게 이야기하고 이는 예언으로 받아들여진다. 몇 년 동안 꿈이 실현되지 않더라도 사람들은 예언이 틀렸다고 말할 수 없다.

사람들은 주술사가 사건이 곧 일어날 것이라고 말할 때까지 기다려야 한다.

주술사가 들소나 암소의 뿔을 이용하여 예언하려 할 때, 길에 사람들이 있으면, 주술사는 현장에 있는 사람들의 발이 예언을 방해할 것이라 믿고 이들이 지나가길 기다린다. 이들은 사람들이 멀리 떨어져 있더라도 사람들이 언제 오는지 항상 알고 있다.

주술사가 약제를 만들 때는 예언을 하기 전에 술에 취한다. 주술사는 우화를 노래하고 군중은 이에 응답한다. 예를 들어, 은구페의 아버지라 불린 주술사가 킬레포의 전사들이 습격 탐험을 나가기 전에 약제를 만들 때 다음과 같이 노래했다:

너무 뚱뚱해서 움직이지 못하는 황소들,
이들은 킬레포에게 얻어맞을 것이다.
너무 뚱뚱해서 움직이지 못하는 황소들,
이들의 절반이 잡혔다.

킬레포의 전사들은 카헤족에 대항하여 계획된 습격을 진행하여 그들의 소 떼의 절반을 포획하였다.

이들은 말했다.

"이와 같이 주술사가 예언한 것이 실현되었다."

모든 주술사는 아이서 부족의 키동기 가문에 속하며 올오이무자 혹은 올레음웨이야의 아들, 즉 에시기리아이쉬(소말리족)의 후손이다.

모든 살아 있는 주술사 중에서 레나나가 가장 위대한 사람이다. 모든 마사이인들은 그를 주인으로 섬기고 그에게 경의를 표한다.

전해지는 바로는 레나나는 음바티안의 아들이고, 음바티안은 수핏의 아들이며, 수핏은 시토닉의 아들이고, 시토닉은 키페페테의 아들이며, 키페페테는 파리니옴베의 아들이고, 파리니옴베는 키동고이의 아들이며, 키동고이는 올레음웨이야의 아들인 에시기리아이쉬의 아들이다.

주술사의 기원에 관한 이야기는 다음과 같이 전해진다. 올레음웨이야가 하늘나라에서 내려와 산꼭대기에 앉아 있는 것을 아이서 부족사람들이 발견하였다. 그는 체구가 매우 작아서, 사람들은 처음에 그를 어린아이로 생각하였다. 아이서 부족 사람들이 그를 마을로 데려가고 나서 그가 주술사라는 것을 알게 되었다. 그는 결혼을 하고 자식을 낳았다.

그가 죽을 때, 자식들에게 말했다.

"이 장소에서 이사하지 말아라."

이 때문에 아이서 부족은 이들의 산으로부터 멀리 이동하지 않는다.

예전부터 현재까지 살았던 모든 주술사 중에서 가장 위대한 사람은 음바티안이다. 그는 유럽인들이 들어오기 전에 이미 백인들이 올 것이라 예언했다고 전해진다.

또한 음바티안이 죽기 전, 사람들에게 목초지를 옮기라고 말했다. 그는 "모든 소들이 죽을 것이기 때문"이라고 말했다.

"먼저 파리들이 벌처럼 집을 만들고 나서 야생동물들이 죽고, 이후에 소들이 죽을 것이다."

이 두 가지 예언은 사실이 되었다. 유럽인들이 들어 왔고 소 떼가 죽었다.

음바티안 자신도 소역병이 한창인 1890년경에 죽었다.

죽음이 임박했을 때, 음바티안은 자신이 살던 지역인 마타포타의 원로들을 불러서 말했다.

"이제 곧 내가 죽을 것이니 이 나라에서 이사해 나가지 말아라. 하늘나라에서 소를 보내겠다. 이사하면 두창으로 죽을 것이고 소들이 모두 죽어 없어질 것이며 강한 적들과 싸워 패배할 것이다. 바라건대 나의 후계자는 내가 주술사 징표를 주는 아들이 되었으면 한다. 그를 따르라."

원로들은 "잘 알겠습니다"라고 대답하고 떠났다.

원로들이 떠난 후 음바티안은 장남 센데요를 불러 말했다. "주술사 징표를 주고 싶으니 내일 아침에 찾아오너라."

센데요는 "잘 알겠습니다"라고 말하고 잠자리에 들었다.

이러한 대화를 송아지 헛간에 몸을 숨기고 있던 레나나가 엿들었다. 그는 다음 날 아침 일찍 일어나 아버지의 집으로 갔다. 도착하여 그는 말했다.

"아버님, 저 왔습니다."

당시 음바티안은 매우 연로하여 한쪽 눈만 보였다. 그래서 그는 자기 앞에 있는 아들이 누구인지 구분하지 못하고 레나나에게 주술사의 징표를 주면서 (쇠방망이, 주술뿔, 표주박, 돌멩이들, 그리고 가방) 말했다.

"너는 형제들과 모든 사람들 중에서 가장 위대한 이가 될 것이야."

레나나는 주술사의 징표를 받고 떠났다.

그 후 센데요가 아버지에게 갔으나 자기 동생이 이미 주

마사이 풍습 · 185

술사 징표를 받아 갔다는 말을 들었다. 그는 이 이야기를 듣고 매우 화가 나서 말했다.

"나는 동생에게 복종하지 않을 것이며 동생을 죽일 때까지 싸우겠다."

음바티안은 죽어서 돈요에록 근처에 묻혔다. 그가 죽자 일부 사람들이 레나나를 최고 주술사로 선언했는데, 그 이유는 다음과 같다.

"음바티안이 자신의 징표를 자기를 계승하고자 하는 아들에게 주겠다고 말했다"

이에 따라 사람들은 레나나의 편에 섰다.

하지만 다른 사람들은 말했다.

"속임수를 썼으므로 우리는 레나나를 인정하지 않겠다." 그리고 이들은 센데요와 운명을 같이 하기로 하였다.

얼마 후에 센데요의 백성들에게 역병이 발생하여 많은 사람들이 죽고 이들의 소들도 죽어가고 독일인들에게 패배하였다. 반면에 음바티안이 예언한 대로 레나나를 따르던 사람들은 병에 걸리지 않고 소들도 얻었다.

양 진영은 수년 동안 전쟁을 하였고 마침내 센데요가 패배하였다. 1902년에 센데요가 동생에게 굴복하여 같이 살 수 있게 해 달라고 부탁하였고 두 진영 간의 평화가 완성되었다.

이제 레나나는 죽기 전에 주술사 업무에 능숙한 아들을 선택하여 자기를 계승하게 할 것이다.

주술사 직위의 가장 중요한 징표는 쇠방망이이다. 주술사가 전령을 보내 사람들에게 어떤 메시지를 전달할 때는 자기의 쇠방망이를 같이 보내서 메시지가 자신에게서 온 것임을 알게 한다.

주술사가 쇠방망이로 누군가를 때린다면 그는 병이 들어 죽는다. 음바티안은 자주 사람들을 자기 방망이로 쳐서 거의 죽을 때까지 기다렸다가 약을 줘서 치료를 해줬다는 이야기가 있다. 하지만 레나나는 점잖은 사람이라서 이런 방식으로 사람들을 죽이지 않는다.

대장장이

　모든 마사이족이 창과 검을 만드는 방법을 아는 것은 아니다. 이것은 대장장이들의 업무이다. 무기를 만드는 것은 바로 대장장이들이고 사람들은 이들에게서 무기를 구매한다.
　대장장이들은 대장간에서 돌, 해머, 펜치, 풀무를 사용하여 바늘, 팔찌, 도끼, 발찌, 무기 등을 만든다. 이들이 사용하는 쇠는 스와힐리족에게서 구매하거나 마타포타강 바닥에서 발견되는 광석을 제련하여 구한다.
　모든 부족에게는 자기들의 대장장이가 있다. 그런데 대부분의 대장장이는 키푸요니 부족 출신이다.
　마사이족 사람들은 대장장이의 딸과 결혼하는 것을 옳지 않다고 여긴다. 그래서 대장장이 부족은 부족 내에서 배우자를 찾는다.
　마사이 사람이 대장장이가 쥐고 있었던 창, 검, 혹은 다른 물건을 받을 때는 손에 기름칠을 해야 한다. 이는 맨손으로 이런 물건을 받으면 안되는 것으로 여겨지기 때문이다.
　대장장이들은 다른 마사이인들과 달리 소를 많이 소유하고 있지 않다. 이들은 소들과는 인연이 없다. 대장장이가 40두의 소를 소유하고 있다면, 이는 매우 많은 숫자에 해당한다.
　대장장이들은 자신들의 언어가 있다. 마사이어가 변형된

것임에도 불구하고 일반적인 마사이족이 알아들을 수 없다. 모든 대장장이들이 이 언어를 말할 수 있는 것은 아니고, 이 언어를 아는 사람은 일부에 불과하다.

토기 솥단지와 표주박

　일부 마사이 여성들은 토기 솥단지를 만들 수 있다. 이것을 만들지 못하는 사람들은 야만인들로부터 구매한다. 표주박도 구매하거나 폐가에서 수집한다.
　토기 솥단지 하나는 염소 한 마리를 주고 살 수 있다. 마사이족이 솥단지를 만들 때는 대형과 소형으로, 두 크기로 만든다. 솥단지는 잡고 들 수 있도록 손잡이도 달려 있다.
　전사들이 숲에 가서 소를 도살할 때, 이들은 요리할 솥단지를 손잡이에 가죽끈을 묶어서 가져간다.

담배 파이프

　마사이 성인 남성들은 염소뼈, 코뿔소 뿔, 혹은 나무조각으로 담배 파이프를 만든다. 하지만 이들이 파이프 담배를 많이 피우는 것은 아니다. 이들은 코담배나 씹는 담배를 선호한다.

하루 시간의 구분

마사이족은 낮과 밤의 구분에 대한 다양한 명칭이 있다.

(밤과 비교되는) 낮과 저녁이 있다. 저녁은 소 떼들이 해가 지기 직전 집에 돌아오는 시간이다 (오후 6시).

또한 해거름이라 불리는 수다를 나누는 시간이 있다 (오후 8시). 이 때는 사람들이 잠자리에 들기 전 시간이다.

그리고 밤, 한밤중, 들소가 물 마시러 가는 시간이 있다. 이 마지막 시간은 해가 뜨기 전 시간인데 스와힐리어로 사아쿠미라 불린다 (새벽 4시).

또한 피처럼 붉은 기간 혹은 태양이 하늘을 장식하는 때로 불리는 시간이 있는데, 이는 해의 첫 햇살이 하늘을 붉게 물들이는 시간을 말한다 (아침 6시).

그리고 나서 아침이 있는데 이는 해가 뜬 이후의 시간을 말한다.

또한 해가 서 있다 혹은 반대편에 있다고 불리는 시간(한낮)이 있다. 그늘이 작아지는 시간이다 (오후 1-2시). 그리고 오후가 있다.

계절과 개월

사계절과 12개월이 있다.

소나기 시즌:

6월. 이것은 묘성 비 이후의 달을 말하며 연도의 첫 번째 달이다.

7월. 암소들이 우유를 적게 생산하기에 여성들이 티격태격 싸운다.

8월. 풀이 다 말라서 소들의 먹이는 오직 계곡에서나 구할 수 있다.

배고픔의 시즌:

9월. 나무가 이 시기에 꽃을 피운다.

10월. 배고픔의 시즌의 마지막 달이다.[2] 이 시기가 지나면 약한 비를 예상할 수 있다.

11월. 구름이 흰색으로 바뀐다.

약한 비의 시즌:

12월. 약한 비가 소나기 형태로 내리는 달이다. 땅바닥은

---

[2] 3개월씩 묶어서 이름이 붙어 있으므로 10월을 이 시기의 마지막으로 서술한 점은 원본의 실수일 가능성이 있다.

어린이를 덮는 포대기 천이나 대변처럼 보인다.

1월. 해가 다시 나오고 약한 비가 멈춘다.

2월. 약한 비가 내리는 시즌의 마지막 달이다. 작은 새들 무리가 소 떼를 따라다닌다.

충만의 시즌:

3월. 묘성 비가 시작하는 달이다. 구름이 검게 변하고 짙은 안개가 자욱하다.

4월. 황소들을 잃어버릴 우려가 있으므로 집에 묶어 두어야 한다.

5월. 묘성이 지는 달이다.

6월초에도 비가 계속 내리면 마사이 사람들은 말한다.
"지금이 5월이라는 것을 잊고 있었네."

또한 12월이 시작되었는데도 더위가 가시지 않으면 사람들은 말한다.
"지금이 11월이라는 것을 잊고 있었네."

하품, 딸꾹질, 재채기, 병

마사이 사람이 하품을 하면 졸립다는 말을 듣는다. 어린이가 하품을 하면, 아이의 어머니가 아이의 입을 손가락으로 잡아서 야만인의 입처럼 입이 크게 벌어지는 것을 막는다.

누군가 딸꾹질을 하면, 그가 고기를 먹을 것으로 믿는다. 재채기를 하면, 자신에게 말한다.

"누가 나를 부르고 있네요." 주변에 다른 사람이 있을 경우에는 사람들이 그에게 말한다.

"신이 당신의 머리를 강하게 만들어 주기를 기원해요." 혹은 "건강하세요."

마사이 사람이 병에 걸리면, 이는 신의 병이라고 말한다. 어떤 사람들은 약에 대해 잘 알아서 이들을 치료하기 위해 아픈 사람에게 약을 구해 준다.

불을 피우는 방법

마사이족이 멀리 이동하는 경우, 남자들은 단단하고 끝이 날카로운 막대기와 평평한 나무판을 가지고 가거나 머물고자 하는 장소에서 이런 물건을 만들어 낸다. 그 다음에 당나귀 똥이나 마른 풀을 구해서 나무판의 중간에 막대기로 구멍을 뚫음으로써 새 움막의 한 가운데에 불을 피운다. 풀에 불이 붙으면 코디아오발리스 나뭇잎에 불을 붙이고 나무를 불에 던져 넣는다. 여자들은 남자들이 피워놓은 데서 불을 구한다.

마사이족은 단단한 막대기를 남성, 평평한 나무판을 아내라고 말한다.

단단한 막대기는 무화과나무나 에케베르기아 나무에서 잘라내고, 평평한 나무판은 소시지나무, 코디아오발리스 혹은 아빌다아카시아나무와 같은 섬유가 많은 나무에서 잘라낸다.

부상과 외과의사

마사이 전사가 화살 또는 총에 맞거나 팔이나 다리가 부러지면 외과의사가 치료할 수 있다. 의사는 살을 째서 파편을 제거하고 뼈 끝을 맞춘 후에 소의 등에서 채취한 힘줄로 상처를 봉합하고 부상당한 팔다리를 단단히 묶는다.

팔다리가 부러진 환자에게 줄 수 있는 유일한 음식은 구운 고기나 우산가시나무에서 채취한 갈증을 완화시켜주는 약이다.

배에 총상을 입어 창자가 밖으로 나오면 상처를 물로 닦은 후에 창자를 원위치시킨다. (1리터 가량의) 양의 지방을 상처에 부어 넣고 봉합한다.

또한 사람이 총상을 입고 갈비뼈가 부러지면, 상처로부터 살을 걷어 내고 부러진 갈비뼈 자리에 양의 갈비뼈를 집어 넣는다. 그리고 양의 지방을 상처에 부어 넣고 봉합한다.

부상당한 사람은 우유를 마실 수 없고 고기만 먹을 수 있다.

사람이 독화살에 맞으면 새끼를 밴 암소를 도살하여 대망막 지방을 마시게 한다. 이렇게 하면 부상자가 토한 다음에 회복이 된다.

의사가 부상자의 뼈가 치료할 수 없는 상태라고 판단하면, 다친 팔다리 주변을 실로 단단히 동여매고 팔다리를 절단한다.

 의사들은 또한 황소, 숫양, 숫염소의 고환을 제거하거나 으스러뜨려서 중성화 수술을 할 수도 있다. 황소를 중성화 수술할 때는 목둘레를 실로 단단하게 조여서 경정맥으로부터 피를 뽑아내어 수술 부위의 감염을 막는다.

마사이 저주 표현

불치병을 뒤집어쓰기를 기원한다.
신이 너를 괴롭히기를 기원한다.
맹수가 너를 잡아먹기를 바란다.
길에서 미끄러져라.
네가 시체 색깔이 되길 바란다.
신이 너에게 가죽 손바닥을 주길 바란다. (즉, 네 소가 죽길 바라며 이런 경우 손을 쓰는 노동을 할 수밖에 없어서 손이 거칠어지길 바란다는 의미)
패배자들과 함께 죽어라!
해가 지면 죽어라!
들판에서 죽어라!
네 부족이 너를 죽이기를 기원한다.
마사이족이 어린이들을 저주할 때는 아주 심한 욕을 하지는 않는다. 이들은 예를 들어 다음과 같이 말한다:
돌!
구덩이!

마사이족의 맹세 형식

마사이 남자가 무슨 말을 하고 거짓말로 의심되는 경우, 그 사람이 "내 누이의 옷을 걸고"라는 맹세를 더하면 사실로 받아들인다.

마찬가지로, 마사이 여성이 "우리 아버지의 옷을 걸고"라는 맹세를 더하면 사실로 받아들인다.

마사이족의 시련에 의한 재판

일부 마사이족에게는 시련에 의한 재판이 존재한다.

어떤 사람이 잘못한 것으로 비난을 받으면 대변인이 주는

피를 마시고 말한다.

"제가 나쁜 행위를 했다면, 신이여 저를 죽여 주소서."

그가 범죄를 저질렀다면 그는 죽고, 그렇지 않다면 그에게 나쁜 일이 일어나지 않는다.

마사이 속담과 격언

왜 당신은 아들이 바로 결혼한 어머니처럼 행동하는가?

[신랑은 통상 결혼 후에 몇 개월 동안 부모님의 집에서 같이 살며, 아들이 바로 결혼한 어머니는 앉아서 쉬고 며느리가 모든 일을 한다.]

심판의 신이 있고 그가 나의 복수를 할 것이다.

[싸움에서 지고 나서 흔하게 하는 말]

밤은 귀가 있다.

[낮말은 새가 듣고 밤말을 쥐가 듣는다.]

기름덩어리를 먹은 입은 똥을 먹을 것이요, 똥을 먹은 입은 기름덩어리를 먹을 것이다.

적을 살해한 자가 겁쟁이가 되었고, 겁쟁이는 용자가 되었다.

[나중된 자로서 먼저 되고 먼저 된 자로서 나중 되리라. 마태복음 20장 16절]

세상에는 여러 색깔로 된 양과 같은 것은 없다.

[두 색깔 혹은 세 색깔의 양은 있을 수 있으나 여러 색깔로 된 양은 없다. 이 격언은 믿을 수 없는 이야기에 대해 불신을 표현할 때 쓰인다.]

같은 운명에 처하게 될 것임을 모르고, 석탄이 재를 비웃는다.

[땔감으로 쓰여질 장작이 타고 있는 장작을 비웃는다.]

당나귀처럼 음식을 먹는다.

[아래 앞니 두개가 발치되지 않은 사람에 대해서 말하는 것인데, 이런 경우 당나귀의 입과 같아 보인다는 점에서 유래되었다.]

일단 그 자리에 왔으면 불러서 왔건 스스로 왔건 마찬가지다.

물론 얼룩말은 집이 없다.

[세상 여러 장소에 흩어져 산다는 것을 의미한다.]

모든 것은 끝이 있다.

사건은 나날처럼 이어진다.

행동은 다리의 사용으로 발생한다. 화살이 온다면, 뒤에는 다리가 있다.

[사냥이 성공적으로 이루어지려면 긴 행진이 필수적이다. 화살을 쏘려면 쏠 사람이 필요하다.]

아픈 (죽은) 당나귀처럼 친구를 멀리한다.

[아픈 당나귀는 다른 동물로부터 떨어져 지내고 죽은 당나귀는 버려진다. 이 속담은 동료와 멀리 지내는 사람을 가리켜서 쓰인다.]

패배하는 것은 죽는 것과 같다.

소는 사람만큼이나 좋다.

[사람이 소를 소유하고 돌보면 부를 얻을 수 있다. 왜냐하면 소가 새끼를 배고 송아지를 낳으면 이것으로 아내를 살 수 있기 때문이다.]

입안의 음식을 감추어라.

[입안의 음식을 보여주면 안 되는 것처럼, 비밀스런 생각을 누설해서는 안된다.]

하이에나 힘줄같다.

[자기의 패배를 인정하지 않는 사람은 하이에나의 힘줄에 비유된다. 하이에나의 힘줄은 다른 어떤 동물의 힘줄보다 더 세다고 알려져 있다.]

소가 자기를 빌려주지 말고 넘겨 달라고 부탁한다.

[빌려주거나 담보로 잡힌 동물은 제대로 돌보지 않는 것으로 악명높다. 이에 따른 소의 부탁이다.]

소가 말했다.

"내 몸에 있는 털 숫자만큼 나에 대해 말을 많이 하시오."

[저를 파시려거든 흥정을 열심히 하세요. 왜냐하면 비싸게 산 주인이 저를 잘 대해 줄 것이기 때문입니다.]

하이에나가 말했다.

"나는 운도 있고 다리도 튼튼하다."

[운도 있지만 노력도 해야 한다. '하늘은 스스로 돕는 자를 돕는다.']

조롱박에는 개가 있다. 개의 귀가 조롱박이 닫히는 것을 막는다.

[남자가 친구의 아내를 방문하고자 할 때, 우선 집주인 남자가 있는지 확인을 해야 한다. 남편이 집에 있다는 확실한 징표가 있다면 이 속담을 언급하며 자신을 위로하며 물러 난다.]

산은 만나지 않는다.

[사람들이 헤어질 때 흔히 쓰는 속담으로 '우린 다시 만날거야'와 같은 의미로 쓰인다. 참고. 터키 속담.

'산은 산을 만나지 않지만 사람은 사람을 만난다.']

버려진 마을에 있는 엔기피카의 아들의 신세다.

[사면초가. 엔기피카의 아들이야기는 다음과 같이 전해진다.

하루는 그가 도살장에서 고기를 먹고 있었는데 갑자기 적에게 공격을 당했다. 그는 가까스로 목숨을 부지하고 고기를 들고 탈출하였으나 무기가 없어서 도망을 쳤고 그 뒤를 적이 맹렬하게 추격하였다.

그러나 그는 이들을 따돌리고 얼마를 달린 후에 폐허가 된 마을에 이르렀고 여기에서 숨기로 작정하였다. 하지만 곧 자기만 그곳에 있는 것이 아니라는 사실을 발견하게 되었다. 사자 한 마리가 자신의 영역이 침범되자 사납게 으르렁거렸다. 폐허가 된 마을을 떠나는 것이 정황상 적절한 선택이라고 생각하며 엔기피카의 아들은 도망을 계속하기 위하여 뒤로 돌고 공포에 휩싸였다. 유일한 출입구 문을 거대한 뱀이 몸으로 칭칭 감고 엔기피카의 아들 방향으로 머리를 들고 혀를 날름거리고 있었다. 또한 멀리서 추격하던 적이 빠르게 그의 은신처로 접근하고 있는 것이 보였다.

엔기피카의 아들이 이 난관에서 어떻게 탈출했는지는 알려져 있지 않다.]

콘엑만큼 영리하다.

[콘엑의 일생은 '콘엑과 아버지'라는 제목으로 간략하게 소개되어 있다. 마사이족은 호리호리한 것 혹은 영리하거나 노련한 특성이 발현되었을 때 그를 언급하는 것을 좋아한다. 예를 들어 우간다 철도의 건설자는 콘엑에 버금가는 것으로 묘사된다.]

전사의 개처럼 자부심이 크다.

[전사의 집에 사는 개들은 다른 집에 살며 쓰레기통이나 뒤지는 개들에 비해 훨씬 행복한 삶을 산다. 전사의 식사가 고기와 우유로만 구성되기 때문에 개에게 고기뼈와 고기덩어리가 제공된다.]

지나치는 사람들을 살펴보라. 남자와 남성이 있고 여자와 여성이 있다.

[모든 사람이 동등한 것은 아니다. 잘 살펴보면 어떤 행인은 훌륭하지만 다른 사람들은 그렇지 않다.]

전사를 무너뜨린 질병처럼 자부심이 크다.

[전사는 항상 최상의 건강상태를 유지하고 있어야 한다. 만약 병에 걸리면 숲에 몸을 숨기거나 오두막에서 따로 지낸다. 전사를 아프게 만들어 웃음거리로 만드는 질병은 자부심이 대단할 것이다.]

염소의 눈을 가려라.

[염소의 목을 조르기 직전에 염소를 옆으로 눕히고 위쪽의 눈을 귀로 덮어 진행되는 상황을 보지 못하게 한다. 마찬가지로 기습을 준비하고 있을 때는 사전에 비밀이 유지되어야 한다.]

어리석게 시작하여 경험으로 현명해진다.

['경험이 가르친다 (Experientia docet)']

너는 업을 때 등에만 압박을 주는 아이가 아니다. 너는 내 전신에 압박을 준다.

[이 속담은 "너와 함께 있으면 피곤하다"와 같은 의미로 쓰인다.]

눈으로 확인하기 전까지는 죽은 게 아니다.

[죽음의 소식은 확실하게 확인할 때까지는 믿지 마라. 목격자가 소식을 전하지 않는 한, 조심스럽게 소식을 받아 들여라.]

한 손가락으로는 이를 죽이지 못한다.

[협동의 필요성.]

잘 살고 있는 때는 모르다가 가난해져야 잘 살던 때를 기억한다.

황소는 같은 시간에 두 장소에서 울 수는 없다.

거래는 손바닥에서 이루어지지 않는다.

거짓말은 손바닥을 채울 수 없다.
[한 구멍은 다른 구멍을 채울 수 없다.]

사건이 터지면 진실의 한 부분만 드러나고 나머지는 묻혀진다.

다툼을 해결하는데 걸리는 시간은 암소의 젖을 짠 후 다시 우유가 차는 시간보다 덜 걸린다.
[싸움은 한 사람의 승부가 날 때까지 하거나 즉시 평화적으로 해결된다.]

용맹이 모든 것은 아니며, 한 사람이 아무리 용감하다 해도 용감한 두 사람이 더 낫다.

임신하지 않았으면 배가 안 부른다.
['아니 땐 굴뚝에 연기날까']

코는 나머지 신체보다 먼저 가지 않는다.

[이 표현은 불행이 닥쳤을 때 종종 사용된다. 의미는 만약 코를 미리 보내서 냄새를 맡아 탐색하는 것이 가능했다면 위협이 되는 위험을 미리 감지하고 필요한 준비를 해서 불행을 막았을텐데 그렇지 못함을 표현한다.]

풀은 맹수를 감추지 못한다.

[맹수는 (혹은 도둑) 잠시 동안 숨을 수는 있으나 시간이 지나면 잡히거나 죽임을 당한다.]

아버지가 죽을 때 아들이 아무리 어리고 약해도 아들은 자기 집에서는 강하다. 왜냐하면 아들이 소 떼를 물려 받을 것이기 때문이다.

자랑꾼은 계곡을 건너지 않는다.

['몰락에 앞서 교만이 온다.']

전사와 절름발이는 함께 하지 않는다.

['유유상종']

아이가 태어나기 전에 포대기 천을 만들지 마라.

['김치국 마시지 마라.']

속임수와 폭력적 행위는 같은 것이 아니다.

[사람이 오해로 폭행을 당했다면 추장에게 불만을 토로하기 보다는 폭력을 행사한 사람과 합의를 보려고 노력해야 한다. 왜냐하면 적은 잊지 않고 나중에 복수할 것이기 때문이다.]

삶과 죽음은 같지 않다.

의무만 다 한다면 친자식이든 아니든 무슨 상관인가?

[스와힐리족에도 유사한 속담이 있다.
'화나게 하는 이슬람보다 기쁘게 하는 이교도가 낫다.']

엉덩이와 땅바닥은 오래 떨어져 있지 않는다.

[이 속담에 담긴 의미의 하나는 사람은 앉아 있어야 하며, 비록 잠시 걸어 다니거나 누워있을 수 있지만 나중에는 결국 바닥에 앉을 거라는 것이다. 다른 설명에 따르면 어떤 면에서 죽은 사람을 처리하는 방식을 언급하는 것이다. 그런데 얕은 참호에 매장하는 주술사와 부자들을 제외하면 마사이족에게 매장풍습은 알

려져 있지 않다. 하지만 마사이족과 가깝게 연대하는 타베탄족과 거의 1000마일 떨어져 살고 마사이족의 조상들이 이주해 온 지역으로부터 멀지 않은 마디족, 딘카족, 바리족 등이 죽은 사람을 앉은 자세로 매장한다는 점은 아마도 상당한 우연의 일치라고 볼 수 있다.]

얼룩말은 줄무늬 없이 살 수 없다.
[에티오피아 사람들이 제 피부색을 바꿀 수 있겠느냐? 표범이 제 가죽에 박힌 점을 없앨 수 있겠느냐? 예레미아 13.23]

개코원숭이는 낳은 곳에서 멀리 떠나지 않는다.
[마찬가지로 사람도 다른 나라를 방문할 (그래서 이웃의 소 떼를 키울) 수 있으나 나중에는 고향에 돌아 온다.]

한 나무의 껍데기는 다른 나무에 들러 붙지 않는다.
[한 부족의 사람들이 다른 부족의 풍습에 동화되지 않는다.]

충분한 음식이 있는 것은 안전한 것과는 매우 거리가 멀다. 특히 사냥 후에는 더욱 그렇다.

목표를 달성하기 위해 견디어 내는 것과 어떤 일을 할 수 있는 것은 똑같지 않다.

견뎌내는 것이 더 위대하다.
[성공을 이루는 것은 우리가 장담할 수 없다. 하지만 우리는 노력할 것이고 자격이 있다. 조셉 에디슨, 〈카토〉]

목표를 달성하기 위해 견디어 내는 것과 어떤 일을 할 수 있는 것은 똑같지 않다.

많은 사람들이 견뎌 낸다.
['부름받은 사람은 많으나 뽑힌 사람은 적다' 마태복음 22:14]

아무도 영원히 정착했다고 말할 수는 없다.
장소를 이동하지 않는 것은 산뿐이다.

부서진 표주박 조각은 냄비에 붙일 수 없다.
[마찬가지로 다른 취향을 가진 사람은 동의하지 않는다.]

행동하기 전에 생각을 하면 얻어 맞지 않는다.

['돌다리도 두들겨 보고 건너라.']

자기 담장을 확인하기 전에는 남의 담장을 수리하지 마라.

['자비는 가정에서 시작된다.']

눈의 먼지를 닦아줄 사람 없이는 평원에 가지 마라.

[협동의 필요성]

매에게 활을 보여주지 마라. 도망갈 것이다.

['무릇, 새가 보는 앞에서 그물을 치는 것은 헛수고이겠거늘.' 잠언 1:17]

날뛰지 마라. 날뛰어 봐야 소용이 없다.

['급할수록 돌아가라.']

당신은 타버린 장작이 아니야. 항상 있어.

[사라지지 않고 계속 귀찮게 구는 사람에게 하는 말]

풀처럼 많이 말하지 마라.

['말이 많으면 허물을 면하기 어려우나' 잠언 10:19]

아들 많은 아버지처럼 기둥에 발을 대고 누워있지 마라 (교만 하지 마라).

[대가족의 가장인 남자는 하루 종일 걱정없이 누워서 기둥에 발을 대고 지낼 수도 있다. 이러는 동안 아내와 딸들은 음식을 준비하고 소의 젖을 짜며 아들들은 소 떼와 양들을 돌본다.]

서두르면 더 피곤해 진다.

['급할수록 돌아가라.']

신이시여, 나무 그늘이 아닌 포대기 그늘을 주소서.

[본래는 아기를 원하는 기도로 사용되었으나 이제는 간절히 원하는 모든 것을 바랄 때 사용된다.
  햇살이 따가우면 아이 어머니는 아이의 머리를 '케센'이라는 아이를 자기 등에 묶는 포대기 같은 것으로 덮어준다. 아기가 없는 여인은 이 의복을 입지 않기 때문에 그늘에 대한 기도는 아이를 원하는 기도를 의미하게 되었다.]

그녀는 나멜렐레(약한 여인을 부르는 별명)와 같은데 이는 젖이 없어서가 아니다. 아이를 형편없이 먹여서 새가 밀어도 넘어지게 생겼다.

[아이를 제대로 안 돌보고 먹이지 않는 여인을 꾸짖을

마사이 속담과 격언 · 215

때 쓰이는 말이다.]

경로 등을 구분해 주는 분

[전능자를 가리키는 흔한 표현]

전사의 집에 허락되지 않는 사람처럼 그녀는 기둥에 발을 올리고 있다.
[여자가 마사이 전통에 따라 옷을 잘 차려 입고 자주 몸에 기름을 바르지 않으면 전사의 집에 들어갈 수 없고 사회적인 외톨이가 된다. 이 경우 여자가 할 일이라고는 누워서 발을 기둥에 대는 것 말고는 없다. 하지만 아들이 많은 가장의 경우와 달리 (속담 64번 참고), 이 것은 여성에게 모욕적인 상황으로 여겨진다.]

부유하게 일찍 죽는 것보다 가난하게 오래 사는 것이 낫다.

딸이 송아지를 돌보지 않아 송아지 다리가 약해져서 아버지가 송아지를 갓 낳은 암소로부터 우유를 얻을 수 없다.

[어머니들이 끔찍하도록 게으른 자식에게 이르는 말]

할머니 집에 사는 아이처럼 오만하다.

[할머니들은 손자들을 버릇없이 키우는 경향이 있고

자기 집에서 보다 할머니 집에 있을 때 버릇없는 아이들이 회초리를 맞을 확률이 낮다.]

진정으로 나누더라도, 마음을 나눌 수는 없다.
[사람들이 동업자가 될 수도 있고 같이 식사를 할 수도 있으나 상대방의 마음 속은 알 길이 없다.]

보라, 익지 않은 코르디아 열매 만큼 많다.
['바다의 모래처럼 셀 수도 없이 많다' 창세기 32:12]

활을 내려 놓더라도 눈은 내려 놓지 마라.
[낯선 자가 와서 같이 머물게 되면, 무기를 내려 놓을 때 그가 배고프다는 사실을 잊지 마라. '배고픈 사람은 배부른 사람과 사이가 좋을 수 없다.']

마사이 수수께끼

문제 : 전사들이 한 다리로 서 있으면 무엇과 닮았는가?

답 : 유리탑 선인장 나무.

[마사이 남성들은 자주 한 발로 서서 다른 쪽을 휴식을 취한다. 이런 자세를 취하고 있으면 유리탑 선인장 나무를 닮은 것으로 여겨진다. 이 나무를 H. 존스톤 경이 "대형 양배추나 콜리플라워에 커다란 줄기가 있고 줄기들이 다시 연결되어 있으며 매우 굵다"라고 묘사하고 있다.]

문제 : 전사가 많이 있는데 이 중에 한명이 나가서 소 떼들을 지킨다. 전사들이 무엇과 닮았는가?

답 : 오두막의 서까래

[마사이 오두막에는 모든 서까래들은 보이지 않고 하나만 문밖으로 돌출되어 있다. 이것이 소 떼들을 지키고 있다고 말한다.]

문제 : 전사들이 동그랗게 둘러서 있어서 누가 첫째이고 누가 마지막 순서인지 알 수 없을 때, 전사들이 무엇처럼 보이는가?

답 : 가죽을 고정시키는데 쓰이는 못

문제 : 세 명의 전사가 있다. 한 명이 없는 사이에 둘 사이의

대화는 무엇과 같나?

답 : 불 위에 솥단지를 올려 놓는데 쓰는 돌멩이 두 개.

[솥단지는 돌멩이 두 개로 균형을 잡을 수 없듯이 두 사람이 언쟁을 해서는 결론이 나지 않는다는 뜻이다.]

문제 : 가죽이 두 개 있다. 하나는 누울 때 까는데 쓰고, 다른 하나는 덮는데 쓴다. 이것은 무엇인가?

답 : 땅바닥과 하늘.

문제 : 내가 휘파람을 불면 모두 숲에서 달려 나온다. 나는 누구인가?

답 : 비

문제 : 왜 당신은 내 수수께끼를 풀 준비가 돼 있다고 말하는가?

답 : 당신과 나 우리 둘만의 논쟁이니까.

문제 : 당신의 어머니는 길지만 그럼에도 양의 젖꼭지에 도달하지 못한다. 당신 어머니는 무엇을 닮았는가?

답 : 길.

문제 : 침대에 갔다가 막대기 두 개를 가지고 나왔다. 이것은 무엇인가?

답 : 쌍둥이.

문제 : 우리가 마을을 이동하였는데 너의 어머니가 그녀의 손바닥을 남겨두어 오두막에 매달려 있다. 이것은 무엇인가?

답 : 빗자루.

[먼지나 흙을 쓸어내는 데 사용되는 가죽 쪼가리는 가치가 별로 없기 때문에 거주자들이 마을을 떠나 다른 목초지로 옮겨갈 때에 남겨 두어 빈 오두막에 벽에 매달려 있게 된다.]

문제 : 우리 마을을 이동하였는데 너의 아버지가 옷을 버려 두고 왔다. 어디에 버려 두었을까?

답 : 똥더미.

[남자는 쓸모가 없지 않으면 자기 옷으로 입던 가죽을 남겨두지 않을 것이다. 따라서 이것은 쓰레기더미에 버려 둔 것이 분명하다.]

문제 : 네 어머니가 집을 나설 때, 그녀의 옷에서 빠져 나오는 것으로 보이는 것은 무엇인가?

답 : 아기의 다리.

[마사이 여성들은 아기를 등에 메고 다니기 때문에 아기의 몸은 밖으로 보이지 않고 조그마한 다리가 대롱대롱 매달려 있는게 자주 보인다.]

문제 : 왜 네 어머니는 집 밖으로 나갈 때, 욕을 하는가?

답 : 껌을 씹고 있기 때문이다.

[마사이 여성들은 나무에서 채취한 껌과 같은 물질을 씹기 즐겨한다. 이 물질이 윗니와 아랫니가 붙게 만들어 말을 하려고 하면 턱이 부서지는 소리가 난다. 다른 사람이 다가가 말을 걸다가 이 소리를 들으면 여성이 욕을 한다고 생각할 수 있다.]

문제 : 끝이 젖은 가죽줄은 무엇과 같은가?

답 : 물가로 이끄는 길.

[독을 묻힌 화살촉은 독의 신선도를 유지하기 위해 가죽줄로 묶어 둔다. 이 줄은 가늘고 길며 잘 붙도록 한쪽 끝에 침을 묻혀 젖게 만든다. kutuk이라는 단어를 사용한 언어유희로 이 단어는 화살촉, 가죽줄의 끝, 입 등을 의미한다.]

문제 : 들판에 불이 났을 때 불을 면할 수 있는 것은?
답 : 풀이 없는 맨 바닥.

문제 : 어떤 고기가 요리할 때 마치 고통스러운 것처럼 뒹구는가?
답 : 기름, 왜냐하면 눈이 (즉, 거품이) 아프기 때문에.

문제 : 침대에 자신을 숨기고 있는 것은 무엇인가?
답 : 소년들이 찾아내는 이.

문제 : 오두막 벽을 기대고 숨어 있는 것은 무엇인가?
답 : 암소에게서 피를 뽑을 때 현장에 있지 않았던 과부.

[마사이족은 따뜻하고 거품나는 피를 살아 있는 소에게서 바로 마신다. 소의 목 둘레로 가죽끈을 단단히 동여 맨 다음에 목의 곁으로 드러나 보이는 정맥으로 활을 쏜다. 화살을 빼면 피가 뿜어 나오고 이것을 표주박에 받는다. 현장에 있는 모든 사람들이 피를 탐욕스럽게 마시지만 과부에게 귀한 피를 줄 사람은 없다.]

문제 : 너의 오두막에 항상 있지만 네가 인식하지 못하는 축축한 물건은 무엇인가?
답 : 도마뱀.

문제 : 저기 저것, 여기 이것은 무엇인가?

답 : 우유 방울.

['저기 저것'은 표주박 바닥에 있는 우유 방울을 가리키고, '여기 이것'은 표주박을를 입에 대주어 우유를 마실 때 들어 가는 우유 방울을 가리킨다. '여기 이것'을 의미하는 nyelle와 '우유'를 의미하는 kulle를 활용한 언어유희다.]

문제 : 왜 어머니가 약한가?

답 : 표주박에 피를 받지 않았기 때문이다.

문제 : 나비를 닮은 것은 무엇인가?

답 : 구슬로 수놓은 의복.

[옷을 최고로 잘 입는 소녀들만이 구슬 장식을 한 가죽옷을 입는다. 이들이 이 집에서 저 집으로 돌아다닐 때 나비가 날아 다니는 것처럼 보인다.]

문제 : 네가 그 산의 저쪽 방면을 한 바퀴 돌고 나면 손이 어떻게 될까?

답 : 해단목 과일

[해단목 과일(학명 씨메니아 아메리카나)은 이 지역에 흔한 야생 과일로 마사이족이 매우 좋아 한다. 이 과

일에 닿기만 하면 모두 핏빛으로 물든다.]

문제 : 옷을 걷고 키난곱을 가는 것은 무엇처럼 보이는가?
답 : 암캐의 꼬리.

[이것은 킬리마 은자로 마사이족에게 잘 알려져 있는 말이다. 키난곱(혹은 키노콥 또는 키노봅)은 나이바샤 근처 지역의 이름으로 킬리마 은자로에서 약 500킬로 거리에 있다. 이 지역으로 가는 길이 암캐의 꼬리처럼 꼬불꼬불한 것으로 여겨진다.]

마사이 노래

신을 향한 기도

마사이 여성들은 동료가 아이를 낳으면 다음과 같이 한다. 다 같이 모여서 산모에게 우유를 가져다준다. 그 다음 양을 도살하는데 이 양을 오두막의 정화자 혹은 간단히 정화자라 부른다.

여성들은 양을 자기들끼리 도살하고 고기를 모두 먹는다. 남성들은 양이 도살되는 장소에 접근할 수 없다. 왜냐하면 이는 불법으로 여겨지기 때문이다.

여성들이 식사를 마치면 일어서서 다음의 노래를 부른다.

I

신이시여, 나는 오직 당신에게만 기도합니다,
자손이 나에게 주어지기를.
오직 당신에게만 나는 매일 호소합니다
오 가장 높은 천국의 새벽별이여.
천둥과 비의 신이시여,
우리 애원하는 종족에게 귀를 열어 주세요.
공중의 권력을 가지신 주님,
당신께 제가 매일 기도를 올립니다.

II

신이시여, 나는 오직 당신에게만 기도합니다,

당신의 향취는 달콤하기가 그지없어
마치 최고급 향초가 뿜어내는 것 같으니,
당신의 축복을 제가 매일 간구합니다.
당신은 제가 기도할 때 저를 들으시고,
당신의 자비를 베풀어 주십니다.
공중의 권력을 가지신 주님,
당신께 제가 매일 기도를 올립니다.

그리고 나서 아래와 같은 노래를 또 부른다.

여자들이여 모두 나와 그녀를 찬양하는 노래를 부르자,
예쁜 여자가 밝은 의복을 입고 있다.
우리도 같이 화려한 복장을 갖추고
사랑과 어린이들에 대해 우리 마음이 기뻐해야 한다.
우리는 즐거운 노래로 이 날을 맞이하자,
그녀의 심령이 갈망한 아들이 태어났다.

비를 기원하는 여성들의 기도

가뭄이 있을 경우에는 여성들이 함께 모여 옷을 풀에 묶고 다음과 같이 노래한다.

대지의 넓은 등에 자라는 우리의 풀
우리는 부족함 없이 주시기를 당신께 기도합니다.
전능자여, 이것이 당신의 선물인 것을 우리가 아오니
저 위의 언덕과 저 아래 계곡,
모두 주의 소유입니다.
바싹 자른 목초지의 풀이 많은 초지라도
나시라의 전하, 당신의 비가 없다면,
마구간과 외양간을 위한 음식은 만들지 못할 겁니다.
금년 우리는 기도합니다
숲과 초원을 위한 충분한 소낙비를.

비를 기원하는 남성들의 기도

가뭄이 발생하면 성인 남성들은 코르디아 나무로 모닥불을 피우고 올오코라라 불리는 주술사의 부적을 던져 넣는다. 그리고 나서 모닥불 주위를 돌려 다음과 같이 노래한다:

비구름의 신이시여, 우리의 목마름을 해갈하소서,
당신의 널리 펼쳐지는 힘을 우리가 아오니,
목동들이 소 떼를 마시도록 인도하듯이,
우리를 당신의 시원한 소낙비로 기운나게 하소서.

비를 기원하는 어린이들의 노래

비가 안 오면 어린이들은 다음과 같이 노래를 부른다:

I

비야 오너라, 그리고 가져와
신선한 우유를 나에게:
나는 얻을 수 없어,
너를 통하지 않고는.

II

난 거의 질식했어
저 오래된 가죽 때문에
타고난 재를
긁어 들이는데 사용되었던 것을.

III

왜냐하면 기근이 있으면
오래되고 질긴 가죽들은
어린이들 음식으로 쓰려면
생각을 많이 해야하기 때문에.

전시에 부르는 노래들

마사이 전사들이 전쟁에 나가길 원할 때마다, 이들은 먼저 주술사를 방문하여 약품을 받자마자 출발한다. 성인 남성들이 전사들에게 작별을 고할 때 이들은 우유와 꿀술을 바닥에 부으며 말한다.

"신이 원하기 때문이다."

여성들은 전사들에게 표주박의 우유를 뿌린다.

전사들이 적국에 도착하여 적이 전쟁을 원하는 경우, 전사들이 검을 땅에 꽂고 검 옆에 서서 다음과 같이 말한다.

"나는 누구누구의 아들이다. 내가 죽던지 승리하던지, 이 장소에서 결판이 날 것이다."

적이 도주하면, 전사들이 추격하여 이들을 죽이고 처단이 마무리되면 소 떼를 몰면서 다음의 노래를 부른다.

오 전투의 신이시여, 이번 습격을 도와
가장 큰 성공이 되도록 허락하소서.
레나나여, 우리가 고향마을로 가져가게 도와주소서
우리가 당신에게 얘기할 거리가 될 소 떼들을.
오 주술사 추장이시여, 우리의 창을 축복하시어
금년이 최고의 해가 되도록 하소서.

전사들이 습격에서 지체가 되면, 이들의 어머니들, 누이들과 사랑하는 사람들이 하늘에 새벽별이 나타날 때 오두막 밖에 모여서 신에게 기도한다.
  이들은 자신들의 옷에 풀을 묶고 표주박에 우유를 담아두고 말한다.
  "우리의 자식들이 곧 돌아올 것이고 도착하면 배가 고플 거야."
  모두가 모이면, 다음과 같이 노래한다.

오 당신이 보내주시고 얻기 위하여 우리가 당신께 기도하는
  자식들을, 당신의 선물을 지금 거두어 가지 마세요.
  오 멀리서 반짝이는 새벽별이여,
  전쟁으로부터 우리의 아들들을 안전하게 데려오소서.

  전사들이 전쟁에서 지체되면 읊는 신에 대한 기도가 또 하나 있다. 모든 여성들이 모여서 손에 초록색 풀로 덮인 작은 표주박을 들고 다음과 같이 노래한다:

I

  오 전투의 신이시여
  적의 힘을 깨뜨려 주소서.
  그들의 소 떼를 우리가 취하도록 하시고,
  가장 힘센 적이 쓰러지게 하소서.

II

노래하라, 오 어여쁜 처자들이여
적에 대한 승리를 축하하라.
지금은 기도의 시간이니
우리의 팔이 성공을 아노니.

III

하늘에서 빛나는
저녁별과 새벽별이여,
다른 전쟁에서처럼,
적의 힘을 깨뜨려 주소서.

IV

오 눈덮인 산꼭대기에
높은 곳에 사는 주여,
우리 외칩니다 오 구름의 신이시여,
적의 힘을 깨뜨려 주소서.

전사들이 전쟁에서 돌아올 때, 이들은 자신들의 마을에 도착하면 다음의 노래를 부른다.

적은 섬멸되었다.
분명 헛된 것이 아니야
우리 이마에 사자의 갈기를 묶은 것이.
불굴의 열정으로 목동은 우리의 전선을 추적했으나,

더 멀리 멀리 앞으로 우리는 포획한 소를 몰았다.
이들의 마을을 우리가 불태우고, 이들의 소 떼는 우리가 빼앗아서,
이제 우리 승리하여 집에 돌아왔도다.

전사의 노래들

마사이 전사들이 전투에서 야만인을 죽이면, 이들 신체의 오른쪽 절반은 빨갛게 칠하고, 왼쪽 절반은 하얗게 칠한다. 적을 죽인 전사의 동료들은 이때 전사를 칭찬하는 노래를 부른다. 다음은 이런 노래의 한 예시이다.

올푸르오의 아들이여,
전투에서 강력하도다,
그대는 진정으로 기억하네
우리가 적에게서 빼앗은
마을과 소 떼를,
그대의 용맹이 대단하여
그대가 하고 있던 머리장식에
손을 대어 그대를 막을 시간이 없었다네.

또한 다음이 추가적인 예시이다.

I

우리는 최고의 전사, 올레랑고이를 찬양하는 노래를 부르네,
그의 창은 절대로 헛손질하는 법이 없고,
그는 우리 전사들이 진군하도록 들판을 탐색하며

적의 피로 땅바닥을 붉게 물들였다네.

II

위험을 감지하지 못하고 자고 있던 적들,
그 지역에는 낯설었으나 걱정을 하지 않았지,
아침이 되어 쓰라리게 깨어난 것은 그들
그대가 적들의 가장 용맹한 자를 한 달에 세명이나 죽였지.

III

우리가 함락시킨 마을의 대단한 전리품,
뿔 있는 소 떼를 들판 너머 몰고 갔지.
이들을 에인즈워스에게 보여 드렸지. 영광은 그대의 것,
올레랑고이, 그의 창은 절대로 헛손질하는 법이 없지.

찬란한 방패를 가진 메도토
소들의 음매하는 소리를 들었지.
곧 이들의 가득찬 유두가 쏟아낼 거야
나와 가족을 위한 풍부한 양의 우유를.

마랑구와 모시는 공포에 겁을 먹고 있어.
파르몟의 아들, 그대는 전투의 선봉에 있다.
적들이 그대에게서 탈출하면, 최소한 우리는 승리할 것이며,

그대를 우리의 지도자로 모시는 한 우리는 절대로 도망가지 않을 것이야.

우리의 방패를 보고 그대는 우리를 안다, 피로 물든 우리의 방패,

차가의 주인들은 우리의 힘에 굴복할 것이다.

마랑구와 모시는 공포에 겁을 먹고 있어.

파르멧의 아들, 그대는 전투의 선봉에 있다.

타조 깃털장식, 전사의 자부심을 나타내는 남자다운 복장,

테마의 아들이 처음 이것을 했을 때

습격이 끝나기 전에 적을 두 명 죽였지,

그리고 그의 새 창이 그들의 피로 염색되었지.

첫번째 적은 국경행진에서 살해되었지,

종려나무 옆에서, 다음으로 목동이 쓰러졌지.

센데요는 이제 더 강한 목동을 찾고 있어

싸움을 매우 잘하는 사람을 대적하여 자기의 소 떼를 지키기 위하여.

여성 기도문

오 숭배 받으시는 주여 이 빚을 기억하소서
소가 갚지 못하는 빚
내가 자른 나뭇가지도 갚지 못하네
내가 그를 위해 기른 물도 갚지 못하네
내가 우물 안으로 들어가더라도 갚지 못하네.
빚을 갚는 건 오직 인간 자식뿐

합창.

제가 신에게 일찍 옵니다

오 숭배 받으시는 주여 제가 당신께 기도합니다.
맥주와 우유로 기도를 받는 당신
여성에게 가장 적합한 것이 무엇인지 들어보세요.
기름진 긴 머리를 면도할 때 적합합니다.
우유로 면도한 아름다운 사람

내가 애지중지하는 내 사랑하는 사람은 결코 꾸지람을
듣지 않습니다.
나는 신의 구름을 올려다 보아
그가 곧 나에게 안식을 줄 수 있도록.
내가 먹이고 키운 사랑하는 사람

나는 전사들처럼 고기 캠프에 들어갔습니다.

종을 단 특별한 황소를 도살했습니다.
주인이 맹세할 때 사용하는 황소
우리 소 중에서 이보다 더 좋아하는 소는 없습니다.
나는 사랑하는 사람에게 최고의 음식을 제공합니다.

마사이족의 신화와 풍습

초판인쇄 2023년 12월 8일
초판발행 2023년 12월 11일
지 은 이 윤재학, 박동호, 김기국
펴 낸 이 홍명희
펴 낸 곳 아딘크라
주　　소 경기도 용인시 기흥구 탑실로 152
　　　　대주피오레 2단지 202-1602
전　　화 031)201-5310
등록번호 2017.12. 제2017-000096호

ISBN 979-11-89453-22-0 93930

값 15,000원
ⓒ 2023

표지디자인 : 김승은